지금
선택해야 할
것들

지금 선택해야 할 것들

지은이 | 김형준
초판 발행 | 2019. 10. 23

등록번호 | 제1988-000080호
등록된 곳 | 서울특별시 용산구 서빙고로 65길 38
발행처 | 사단법인 두란노서원
영업부 | 2078-3352   FAX | 080-749-3705
출판부 | 2078-3331

책값은 뒤표지에 있습니다.
ISBN 978-89-531-3627-4 03230

독자의 의견을 기다립니다.
tpress@duranno.com   www.duranno.com

두란노서원은 바울 사도가 3차 전도여행 때 에베소에서 성령 받은 제자들을 따로 세워 하나님의 말씀으로 양육하던 장
소입니다. 사도행전 19장 8-20절의 정신에 따라 첫째 목회자를 돕는 사역과 평신도를 훈련시키는 사역, 둘째 세계선교
(TIM)와 문서선교 (단행본·잡지) 사역, 셋째 예수문화 및 경배와 찬양 사역, 그리고 가정·상담 사역 등을 감당하고 있습니다.
1980년 12월 22일에 창립된 두란노서원은 주님 오실 때까지 이 사역들을 계속할 것입니다.

하나님의 사람답게 살기 위해

지금
선택해야 할
것들

김형준 지음

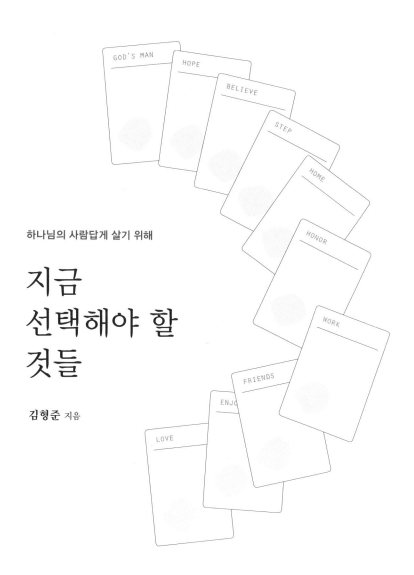

두란노

우리는 살면서 작은 일부터 큰 일까지
다양한 선택의 기로에 서게 됩니다.
어떤 선택은 우리의 상황을 진전시키고 관계를 회복시키는 반면
어떤 선택은 우리의 상황과 관계를 더 어렵게 만들기도 합니다.
우리의 결정이 최선의 선택이 되려면 어떻게 해야 할까요?
또한 우리에게 궁극적으로 최선의 선택이란 무엇일까요?

우리에게 최선의 선택은 하나님의 사람답게 결정하는 것입니다.
세상의 기준과 나 중심으로, 때에 따라 결정하는 것이 아니라
하나님이 기뻐하시는 것을 먼저 생각해야 합니다.
생명을 위한 선택이고, 사랑을 위한 선택이고,
하나님 나라를 위한 선택이어야 합니다.
그래서 살면서 우리가 어떤 선택을 내리느냐는
신앙의 결단과 연결되어 있습니다.
아무리 작은 일이라도 내가 있는 자리에서
하나님을 선택하며 나아가겠다는 결단입니다.

이 책에는 삶 속에서 하나님 중심으로 선택하며

하나님의 뜻을 이루어 나갔던 성경의 이야기들을 통해,

우리가 다양한 상황 속에서 흔들리지 않고

하나님의 사람답게 살기 위해

지금 선택해야 할 것들이 무엇인지 담았습니다.

하나님은 우리가 세상과 믿음 사이에서 머뭇하는 인생이 아니라

오직 하나님만을 선택하며 살기를 바라십니다.

하나님의 뜻이 내 삶의 자리에서도 이루어질 수 있다는

믿음을 가질 때에 우리의 선택은 실패하지 않습니다.

이 책을 통해 믿음의 선택을 배우며

하나님의 사람으로서 흔들리지 않고 살아가기를 바랍니다.

우리가 하나님이라는 영적 선택을 할 때

그분이 열어 가시는 인생을 경험하게 될 것입니다.

이 책이 나오기까지 기도해 주신 동안교회 성도들과

두란노서원 가족들의 수고에 감사의 마음을 전합니다.

2019년 10월 김형준

PART 2

하나님의 교회답게
살기 위한 선택

PART 1

하나님의
사람답게
살기 위한 선택

GOD'S MAN

CH

CE

1

에베소서 1:3-14

세상 속 나는 누군지
헷갈린다면

다르게 생각하고
다르게 행동하세요

예수 그리스도를 나의 주님으로 영접하는 순간, 우리의 존재는 근본적으로 변합니다. 하나님의 자녀가 됩니다. 구체적으로는 자아관, 인생관, 가치관이 바뀝니다. 인생의 목표와 삶을 해석하는 관점이 달라지고, 삶의 태도가 변화됩니다. "예수를 믿는다"는 고백은 말씀에 담긴 진리를 선택함으로 삶을 바꾸겠다는 결단입니다. 그래서 존재의 변화는 삶의 변화로 이어집니다. 가정, 일터 등 생활 전반에 하나님의 사람다운 모습이 나타나고 그로써 주변에 거룩한 영향력을 끼치게 됩니다.

그런데 일상을 살다 보면 예수를 믿어 새 사람이 되었다는 말로는 부족합니다. '예수 믿는 사람과 예수 믿지 않는 사람의 차이가 과연 무엇인가?' 하는 의문이 생길 때가 많기 때문입니다.

우리가 하나님의 사람다운 모습으로 살지 못하는 데는 여러 이유가 있습니다. 많은 사람이 말씀보다 자신의 신념, 환경, 꿈을 따라갑니다. 지금껏 살아온 방식대로, 현실에 적응하면서 편안하게 신앙생활을 하려 합니다. 게다가 고난이 오면 '기도해도 소용없구나. 예수 믿어도 별수 없구나' 하며 신앙에서 점점 멀어지는 계기로 삼는 이들도 있습니다. 진정 하나님의 사람다운 것이 무엇일까요?

예수를 만나 변화된 바울이 에베소에서 사역할 때, 그곳의 성도들도 이 시대의 성도들과 비슷한 문제에 부딪혔습니다. 당시 에베소는 정치적으로는 로마 황제를 숭배하는 흐름이 이어졌고, 사회와 경제와 문화는 아데미 여신 숭배로 이미 구조화되었으며, 항구도시로서 유동 인구가 많아 쾌락과 술, 돈이 주인 되는 곳이었습니다. 이처럼 모든 면에서 세속화된 에베소에서 예수 믿는 사람은 어떻게 살아야 했으며, 어떤 선택을 해야 했을까요?

바울은 에베소서를 통해 에베소 성도들에게 하나님의 사람이라는 정체성을 잊지 않도록 자신의 선택을 간증하듯 들려줍니다. 이 메시지는 오늘 예수 믿는 것 때문에 세상에서 수많은 선택 사이에서 갈등을 겪고 있는 우리를 향한 이야기이기도 합니다.

◍

세상 한복판에 서 있나요?
'나는 하나님의 사람이다', 끊임없이 의식하세요

예수 그리스도를 영접한 후 바울에게 먼저 일어난 변화는 자아 관과 인생관이 바뀐 것이었습니다. 그리스도 안에서 자유해진 바울은 일평생 3가지 의식을 가지고 살았습니다. 먼저, '죄인 의식'입니다. '나는 하나님 앞에서 죄인이구나. 죄를 지어서 죄인이 아니라 존재론적으로, 근본적으로 죄인이구나.'

자기가 죄인이라고 생각하는 사람은 겸손합니다. 다른 사람을 정죄할 자격이 내게 없음을 인정하기 때문입니다. "모든 사람이 죄를 범하였으매 하나님의 영광에 이르지 못하더니"(롬 3:23)라는 말씀에서 죄인 된 자가 바로 나 자신이라는 사실을 알기 때문입니다. 따라서 바울은 십자가밖에는 자랑할 것이 없다고 했습니다.

예수를 만나기 전 바울은 율법대로, 정통대로, 자신이 옳다고 생각한 대로 살았습니다. 그러나 학문을 더해 갈수록, 삶의 깊이가 깊어질수록 내면에 갈등이 생겼습니다. 성령이 보여 주신 대로, 인간은 비참한 존재로서 자기 운명을 되돌릴 만한 능력이 없다는 사실을 깨닫게 되었던 것이지요. 그러고는 고통 가운데 살아가는 수많은 노예를 보았습니다. 바로 이 지점에서 바울은 노예보다 훨씬 비참한 삶이 죄의 노예가 되어서 사는 것임을 깨닫게 되었습니다. 그리고 그 사실 앞에 자신이 얼마나 무기력한 존재인지도 깨달았습니다.

그런데 예수 그리스도가 '죄인 중에 괴수'(딤전 1:15)인 자신을 찾아와 스스로 해결하지 못하는 죄의 문제, 즉 일평생 노예처럼 속박된 채 살아야 하고 결국은 사망으로 인도하는 죄의 문제를 해결해 주셨습니다.

하나님은 내가 지은 죄의 저주를 내가 아닌 자기 아들에게 돌리시고, 나에게는 자유를 주셨습니다. 내가 그분을 알기도 전에, 그분을 사랑하기도 전에, 내가 변화되겠다고 새롭게 마음먹기도 전에 나를 찾아와 속량해 주셨습니다. 그 크고 놀라운 사랑을 바울은 잊지 않았습니다. 바울은 하나님의 모든 사랑을 '은혜'라는 단어로 표현했습니다. 이것이 바울이 가진 또 하나의 의식인 '은혜 의식'의 뿌리입니다.

내가 오늘을 사는 것이 은혜라고 생각하는 사람이 어떤 마음

하나님의 사람은
어떤 환경 속에서도
하나님의 은혜를
찾아내는 사람입니다.

으로 하루하루를 살겠습니까? 그 마음에 감사가 사라질 리 없습니다. "나는 여기까지 올 수 있는 존재가 아니야. 나의 나 된 것은 다 하나님의 은혜야"라고 고백하는 자가 어떻게 감히 하나님 앞에서 자기 의를 이야기할 수 있을까요. 하나님의 사람은 어떤 환경 속에서도 하나님의 은혜를 찾아내는 사람입니다.

하나 더, 바울은 '사랑 의식'을 가지고 살았습니다. 나를 사랑하사 나를 구속하신 주님이 "서로 사랑하면서 살아라. 하나님을 사랑하고, 네 형제자매, 나아가 이방인까지라도 사랑하라" 당부하셨기 때문입니다. 주님이 나를 먼저 사랑하셨기에 가능합니다. 바울에게는 이처럼 사랑 의식이 있었기에 사명도 있었습니다. 내가 받은 복음을 전하지 않으면 나에게 큰 화가 임할 것이라고 생각했습니다(고전 9:16). 자기는 복음에 빚진 자로서, 죽음과 배고픔과 흑암의 위험이 몰아친다 할지라도 어떻게든 복음을 전하겠다고 다짐했습니다.

에베소 성도들에게 바울이 전하고자 한 메시지는 이렇습니다. 비록 혼란한 세상에서 예수 믿는 것 때문에 고난받을지라도 하나님이 주신 구원은 세상 어떤 것과도 바꿀 수 없으니 복음을 증거하는 삶을 놓지 말라는 것입니다.

시련은 그저 시련이 아니라
"나를 보라"는 하나님의 사인입니다

예수를 믿고 난 다음에 바울에게 찾아온 또 다른 변화는 바로 고난에 대한 문제였습니다. 바울은 하나님이 당신의 구속 계획을 따라 자신의 인격과 삶을 거룩하게 만들어 가고 계심을 신뢰했습니다. 자신을 흠도, 티도 없이 하려는 하나님의 배려와 사랑이라고 그는 고백했습니다.

그에게 고난은 고난이 아니었습니다. 고난이 나를 유익하게 만들고, 주님께 더 가까이 가게 만들고, 주님의 사랑을 더 깊이 있게 하고, 예수의 인격을 더 닮아 가게 만들고, 하나님이 나에게 주신 사명을 감당할 만한 힘을 얻게 하고, 주님 앞에 더 아름답게 쓰임 받는 인생이 되게 했노라고 말했습니다.

'스타인웨이'라는 피아노는 19세기 초 초창기 제작 방식을 고수합니다. 피아노 한 대를 만드는 데 200명의 기술자가 붙습니다. 2만 개의 부품이 소요됩니다. 18겹의 단풍나무를 휘면서 만들어 갑니다. 가장 절정은 출고 직전에 이루어집니다. 건반 하나를 1만 번 이상을 두드려도 소리가 여전하면 그때 출고한다고 합니다. 유명한 피아노 연주자들이 이처럼 정교하게 제작된 스타인웨이 피아노를 찾는 데는 다 이유가 있습니다. 자기 감정과 느낌을 있는 그대로 전달해 주기 때문입니다.

하나님도 우리를 통해서 하나님의 마음이 있는 그대로 세상에 전해지기를 바라십니다. 그래서 바로 그런 사람으로 우리를 만들어 가시는 것입니다. 생각해 보세요. 만약 고난이 없었다면 이만큼 겸손할 수 있었을까요? 이처럼 세상을 향해 눈을 빤히 뜰 수 있었을까요? 어쩌면 고난은 주님께 더 가까이 가게 하시려는 하나님의 섭리입니다. 이 사실을 깨달을 때 고난 속에서도 주의 은혜를 발견하게 됩니다.

가장 해석하기 어려운 신정론(神正論, theodicy, 신의 정당함을 주장하는 이론) 문제를 바울은 이렇게 받아들이고 있습니다. "고난과 시련은 나를 온전하게 하시는 하나님의 섭리와 역사다."

이에 대해 성경은 "이로써 그 보배롭고 지극히 큰 약속을 우리에게 주사 이 약속으로 말미암아 너희가 정욕 때문에 세상에서 썩어질 것을 피하여 신성한 성품에 참여하는 자가 되게 하려 하셨느니라"(벧후 1:4), "내 형제들아 너희가 여러 가지 시험을 당하거든 온전히 기쁘게 여기라 이는 너희 믿음의 시련이 인내를 만들어 내는 줄 너희가 앎이라 인내를 온전히 이루라 이는 너희로

온전하고 구비하여 조금도 부족함이 없게 하려 함이라"(약 1:2-4)라
고 말합니다. 고난에는 우리를 하나님의 사람으로 성숙시켜 가
시기 위한 하나님의 목적이 있음을 우리는 기억해야 합니다.

　그러니 고난 앞에 절망하지 맙시다. 고난보다 크신 하나님, 지
금도 여전히 우리를 인도하고 계시는 하나님이 우리와 함께 계
십니다.

주님을 찬미하는 자리가
내가 앉을 자리입니다

바울은 하나님의 사람으로서 앉을 자리를 가려서 앉았습니다.
다시 말해, 가치관이 변화되었습니다. 바울은 무엇이 자신에게
가장 소중한지를 깨달았던 것이지요. 바울은 에베소 교회에 보
내는 편지의 서론을 끝내고 본론에 들어가면서 첫 부분에서 "찬
송하리로다"(엡 1:3)라고 고백했습니다. 자기 인생 가운데 하나님
이 행하신 일들은 찬송받기에 합당하다는 의미입니다. 그러면서
우리를 죄에서 구속하신 놀라운 사랑을 비롯해, 우리가 마음 다

해 고백해도 부족할 만한 큰 일을 하나님이 우리에게 하셨다고 차근차근 설명해 나갔습니다.

우리는 삶을 살면서 많은 자리에 앉습니다. 누구나 앉고 싶어 하는 자리가 있습니다. 어떤 자리이지요? 돈이 생기는 자리, 존경받는 자리, 편한 자리, 안전한 자리, 자존심을 지킬 수 있는 자리, 보장받을 수 있는 자리, 즐거운 자리, 인정받는 자리, 사랑받는 자리입니다.

바울에게는 어느 자리에 앉을지 선택할 수 있는 권리가 있었습니다. 바울은 로마 시민권자로서 누구나 부러워할 만한 자리에 앉을 수 있었습니다. 당시 로마 시민권은 황제에게 직접 재판을 받을 수 있는, 권력의 상징이었습니다. 로마의 속국을 지날 때도 제한이 없었습니다. 현행범이라도 바로 체포되지 않았습니다. 모든 특권을 가진 로마의 시민권을 갖기 위해 당시 얼마나 많은 사람이 투쟁을 벌였는지 모릅니다.

뿐만 아니라 바울은 소위 헬라 철학의 대가로서 훈련받은 지식인이었습니다. 바울의 말을 들은 총독 베스도가 "바울아 네가 미쳤도다 네 많은 학문이 너를 미치게 한다"(행 26:24)고 말했을 정도니까요. 아울러 바울은 히브리인 중의 히브리인이요, 바리새인 중의 바리새인이었습니다. 율법을 지키기 위해 열심이었고 정말 올곧게 살았습니다.

이처럼 누구에게나 존경받을 만한 자리에 앉을 수 있었던 바울은 어떤 선택을 했습니까? 누구나 앉고 싶어 하는 자리는 다 내려놓고 주님을 찬미하는 자리를 선택했습니다. 내 삶에 가장 소중한 주님을 위해 사는 자리, 주님이 나를 위해 행하신 일들을 증거하는 자리에 앉겠다고 말했습니다. 지위가 높든 낮든, 부하든 가난하든, 자유롭든 묶여 있든 자기 위치에서 하나님이 영광을 받으시는 자리에 앉겠다고 했습니다.

지금 어느 자리에 앉아 있나요? 어느 자리에 앉기 위해서 지금 열심히 달려가고 있습니까? 혹은 어느 자리에 앉지 못해서 지금 화를 내고 있습니까? 기억하세요. 구원의 놀라운 소식을 깨달을 때 우리가 앉을 자리는 바로 주님을 찬미하는 자리입니다.

여기서 중요한 것은 주님을 찬미하는 자리에 계속 머물러야 한다는 것입니다. 입술로만 예수를 믿는다고 고백할 뿐 삶에서 실천하지 않는다면 무의미합니다. 우리의 문제는 예수님을 믿는데 삶이 뒤따르지 않는 것입니다. 근본적으로 내면이 변화하지 않았기 때문이지요.

우리가 앉고 싶은 자리, 남들이 부러워할 만한 자리가 아니라 섬기는 자리, 기도하는 자리, 위로하는 자리, 바나바처럼 교회를 살리는 자리를 찾아가는 이유가 무엇입니까? 구원의 은혜에 감사하기 때문입니다. 하나님은 주님을 찬미하는 자리에 앉은 우리를 기뻐하십니다.

혼란스러운 세상 한복판에서 하나님의 사람답게 산다는 것이 얼마나 어려운지요. 그러나 주님을 사랑하는 이들이 앉는 자리는 세상과 달라야 합니다. 내게 주신 주님의 사랑이 매우 귀하고 크기에 다시 한 번 주님이 기뻐하시는 자리에 앉기로 선택합시다. 그 용기 있는 선택이 우리를 이 세상에서 거룩한 영향을 끼치는 하나님의 사람이 되게 할 것입니다.

GOD'S MAN

2

누가복음 19:1-10

달라지고 싶은데
어제도, 오늘도 똑같다면

인생의 주인을
바꾸세요,
예수로!

가정에서, 일터에서, 여러 관계에서 만나는 사람들 중에 저 사람은 절대로 변화되지 않을 거라고 생각되는 사람이 있습니다. 그리고 어떤 사람은 스스로 자신은 변할 가능성이 없다고 생각합니다. 때로 많은 것을 이룬 사람은 변화의 필요성을 느끼지 못하기도 합니다. 그러나 그리스도인에게 변화란 본질적인 것으로, 본래의 삶을 되찾는 것입니다. 예수 그리스도를 만나면 이전과 다른 삶으로 변하게 됩니다.

예수님 당시 여리고에 사는 사람들 중에서 "세리장 삭개오가 정말 변화될 수 있을까?"라는 질문에 "그렇다"고 답할 사람은 아무도 없었을 것입니다. 왜냐하면 삭개오는 현실적으로 자기 삶을 바꿔야 할 아무런 이유도 없었거든요. 그는 부유한 삶을 누리며 남부러울 것 없이 살아가는 사람이었습니다. 그런 삭개오에게 가끔 종교적이고 민족적인 문제로 겪는 어려움 따위는 그리 중요하게 여겨지지 않았습니다. 눈에 보이는 돈, 사회적 지위야말로 삭개오 자신을 설명해 주는 고귀한 가치였습니다.

그런데 삭개오가 변했습니다! 본질적인 것을 발견함으로써 자기의 삶을 되찾았습니다. 이제 세상적인 관점에서 그를 부유하게 한 모든 좋은 것은 그 가치를 잃어버렸습니다. 절대 변하지 않을 것 같았던 삭개오가 어떻게 변할 수 있었나요?

주님은 오늘,
나에게도 찾아오십니다

'죽어도 안 변할 것 같은 사람'이라고 여겨지던 삭개오는 예수님에 대해서 많은 말씀을 들었습니다. 그에게는 예수님이 행하신 일들, 예수님이 하신 말씀들을 이 모양, 저 모양으로 접할 기회가 있었습니다. 당시 여리고성은 꽤 큰 성이었고 요단 서편에서 동편으로 가는 길목에 위치해 있었기 때문에 이 동네, 저 동네 이야기가 모여들면서 화제가 되곤 했습니다.

그런데 사람들이 여리고성에서 나누는 주제는 온통 예수 이야기뿐이었습니다. 삭개오가 관심을 가질 만한 내용은 아마도 예수가 어떻게 물고기 2마리와 보리떡 5개로 장정만 5천 명을 먹

였는지, 세금을 매길 만한 방법은 없는지였을지 모릅니다. 지인인 시각장애인이 눈을 떴다는 이야기도 들었고, 사람들이 상종하지 않는 자기 같은 세리에게도 예수는 친구가 되어 준다는 말을 들었을 것입니다. 예수는 죄인도, 창기도 찾아간다는 이야기를 전해 들었을 테지요. 하나님은 삭개오에게 끊임없이 주님의 말씀을 들려주심으로 주님을 만나고 싶은 마음을 주셨습니다.

그리스도인에게 **변화**란 본질적인 것으로,
본래의 삶을 되찾는 것입니다.
예수 그리스도를 만나면
이전과 다른 삶으로 변하게 됩니다.

하지만 예수님을 만나고자 하는 삭개오에게는 장애가 있었습니다. 먼저, 내면의 장애였습니다. 삭개오는 사회적 권력과 지위가 있는 사람으로서, 체면과 위선의 껍질로 자기 삶을 방어해 왔습니다. 그런 그가 사람들 앞에서 예수님을 만나러 나가다니요! 그것은 결코 쉬운 일이 아니었을 것입니다. 그러나 예수님을 보고 싶은 마음이 간절했기에 그는 장애를 극복할 수 있었습니다.

그러자 또 하나의 장애가 생겼습니다. 사람들이 많이 몰려 있어서 키 작은 삭개오는 도저히 예수님을 만날 수가 없었습니다. 그러나 우리의 열정과 바람은 길을 만들어 내지요. 삭개오는 예수님이 지나가시는 길가에 있는 돌무화과나무에 올라갔습니다. 사실 그의 형편에서는 불가능한 일이었습니다. 그러나 이번에도 주님을 보고 싶은 마음이 강렬했기에 장애를 극복해 냈습니다.

그 순간, 예수님이 삭개오를 향해 외치셨습니다. "삭개오야 속히 내려오라 내가 오늘 네 집에 유하여야 하겠다"(눅 19:5). 반전입니다! 지금까지 삭개오는 자신이 예수님을 만나고 싶어서 나무에 올라갔다고 생각했습니다. 하지만 내용을 가만히 들여다보면, 예수님이 삭개오를 기다리셨고, 삭개오를 만나기 원하셨고, 삭개오의 집에 거하기를 원하셨습니다. 예수님은 삭개오보다 더 강렬하게, 더 간절히 삭개오를 만나기 원하신 것입니다.

예수님은 삭개오를 가리켜 '잃어버린 자'(눅 19:10)라고 표현하셨습니다. "삭개오는 내가 꼭 만나야 하고, 나와 함께하며 기쁨을 누려야 하고, 나와 더불어 일해야 할 나의 사람인데, 그 사람을 잃어버렸다. 그 잃어버린 사람을 찾으러 왔다"고 말씀하신 것입니다. 잃어버린 자를 향한 마음이 얼마나 강렬했던지, 주님은 이 땅에 오셨고, 육신을 입으셨을 뿐 아니라, 여리고성에 살고 있는 키 작은 삭개오를 친히 찾아오셨습니다.

세상에는 두 종류의 신이 있습니다. 인간과 소통하기를 원하는 신이 있고, 인간과 소통하기를 원하지 않는 신이 있습니다. 인간과 소통하기를 원하지 않는 신은 인간이 노력해서 신의 경지까지 올라가야 만나게 됩니다. 그러나 인간과 소통하기를 원하는 신은 직접 자기를 계시하고 찾아옵니다. 인간과 소통하기를 원하는 신이 바로 예수님이십니다. 본래 하나님이 창조하실 때는 온전했지만 죄로 인해 하나님과 분리되면서 잃어버린 자 된 우리를 찾으러, 주님은 이 땅에 오셨습니다.

주님은 오늘 나에게도 찾아오십니다. 지난날을 돌아보면 내가 주님을 찾은 것 같지만, 아닙니다. 내 자아가 깨지고 무너진 일들을 돌아보면 주님이 그 길목에서 나를 기다리고 계셨고, 나와 만나기 위해 더 열심히 나에게 달려오셨음을 알게 됩니다. 우리 곁에 주님이 계셔야 하는 이유를 단 하나만 꼽으라면 우리가 죄인이기 때문입니다. 주님이 아니면 우리를 구원할 자가 없고, 우리를 회복시킬 존재가 없기에 주님이 우리에게 오신 것입니다.

예수 그리스도를
내 마음의 집에 초청하세요

구체적인 표현은 없지만, 삭개오는 예수님을 집에만 초청한 것이 아니라 자기 마음속에 초청했습니다. '자기 삶에 초청했다'는 말은 예수님을 믿었다는 뜻입니다. 예수님이 나를 위해 오신 것, 조금 더 확대하면 예수님이 나를 위해 죽으시고 부활하시고 승천하신 것, 나를 위해서 다시 오실 것을 받아들인 것입니다.

이것은 바로 인생의 주인을 바꾸는 것이라고 말할 수 있겠습니다. 지금까지 삭개오의 주인이 누구였나요? 자기 욕망이었습니다. 삭개오는 자기 욕망을 만족시켜 주는 돈을 지키는 일이라면, 돈을 모을 수만 있다면 무엇이든지 포기했습니다. 돈에 의해서 살고, 돈에 의해서 죽는 사람이었습니다. 그러나 이제는 주인을 예수님으로 바꿨습니다.

주인을 바꾸자 그의 내면에 변화가 일어났습니다. 전에는 스스로를 대단한 사람인 양 여겼지만, 이제는 성경이 말하는 나를 받아들입니다. 본질상 진노의 자녀요, 허물과 죄로 이미 죽은 자라는 사실 말이지요. 하지만 그와 동시에 그리스도의 구속으로 말미암아 의인이 되었다는 사실을 깨닫게 됩니다. 그때 하나님의 자녀가 되었다는 기쁨과 담대함이 생깁니다.

더 나아가 삶의 우선순위가 바뀝니다. 전에는 돈이 최우선순위였는데 이제 예수님이 가장 중요해집니다. 내면의 변화는 곧 외적으로 이어지지요. 삶의 우선순위가 바뀌면 물질과 시간을 사용하는 일에, 인간관계에 변화가 나타납니다. 시간과 돈이 뒤따르지 않는 믿음의 고백은 거짓입니다. 우리는 가장 소중한 것에 자신의 물질과 시간을 쏟기 때문입니다.

삭개오의 고백을 들어 보세요. "주여 보시옵소서 내 소유의 절반을 가난한 자들에게 주겠사오며 만일 누구의 것을 속여 빼앗은 일이 있으면 네 갑절이나 갚겠나이다"(눅 19:8). 여기서 '내 소유의 절반을 주겠다'는 말은 무슨 의미입니까? 율법에 의하면, 십의 일조, 즉 10%만 내면 되었습니다. 그러나 삭개오는 절반, 즉 50%를 떼어서 주겠다고 했습니다. 이는 자신의 구원이 율법으로 이루어진 것이 아니라 하나님의 은혜로 되었음을 알기 때문에 "이제는 은혜로 살아가겠습니다"라는 신앙고백입니다.

또한 '누구의 것을 속여 빼앗은 일이 있으면 네 갑절이나 갚겠다'고 한 말은 무슨 뜻일까요? 레위기 5장 16절과 민수기 5장 7절을 보면, 물건을 훔친 사람은 이자를 20%만 붙여서 갚아 주면 되었습니다. 그럼에도 불구하고 삭개오는 4배, 즉 400%를 갚겠다고 했습니다. 이는 단순히 상대방을 구제하거나 율법을 지키겠다는 차원이 아니라, 하나님의 정의를 삶 속에서 실현하겠다는 결심입니다. 그리고 하나님의 의와 희락과 화평이 이루어지는 하나님 나라를 받아들이겠다는 믿음의 결단입니다. 삶의 주인을 바꾸자 모든 것이 달라졌습니다.

변화를 갈망하나요?
마음만 열면 주님이 하십니다

대구 약전골목은 전국으로 유통되는 한약이 판매되는 곳인데, 역사가 350년이 넘습니다. 오래전에 약전골목 한 귀퉁이 맨바닥에 앉아서 도배용 풀을 파는 풀 장수 정씨가 있었습니다. 그는 술주정뱅이라서 술 먹고 나면 아내를 두들겨 패고 집기를 부수는 등 약전골목에서 회복 불능자로 유명했습니다. 그 아내의 삶을 생각해 보세요. 얼마나 삭막했을까요?

삶에 희망이 없을 때 정씨의 아내는 예수를 알게 되었고 대구 제일교회를 다니게 되었습니다. 마침 교회에 깡패였다가 예수를 믿고 목사가 된 김일도 목사님의 부흥회가 열렸습니다. 정씨의 아내가 목사님의 말씀을 듣다 보니 지금의 남편하고 너무나 똑같은 거예요. '내 남편도 변할 수 있겠구나' 하는 소망이 생겼습니다. 하지만 예배를 마치고 오다가 남편 눈에 띄었고, 즉시 귀싸대기를 한 대 맞았습니다.

정씨의 아내는 이전 같으면 달려들었을 텐데 이번엔 달랐습니다. "여보, 나를 기다리다가 마음이 상하셨다면 이쪽 뺨마저 때려 주세요" 했습니다. 정씨는 아내의 이쪽 뺨마저 때리려다가 정신이 번쩍 들었습니다. 마치 술이 깨는 것 같았습니다. "오늘 교회에서 무슨 일 있었어?" 아내의 말을 다 듣고 난 정씨는 호기심이 생겼습니다. 그에게도 술주정뱅이 삶을 계속 살고 싶지 않다는 마음이 있었던 것이지요.

새로워지고 싶었던 그는 부흥회에 참석했습니다. 처음엔 무슨 소리인지 통 알 수 없었습니다. 그런데 시간이 흘러갈수록 자기 얘기를 하는 것 같았습니다. 김일도 목사님이 자기의 어둡지만 화려했던 지난날을 쭉 이야기할 때 100% 공감했습니다.

그러다가 김일도 목사님이 마지막에 이렇게 이야기했다고 합니다. "우리 인생은 한 번밖에 없는데 이렇게 살 수는 없지 않습니까? 우리가 하나님으로부터 오는 복을 받고 살아야 되지 않겠습니까?" 정씨는 자기도 복을 받고 싶었습니다. 이제 술주정뱅이 인생을 청산하고 싶다는 간절한 마음으로 굳게 결심을 했습니다. 그 후 풀을 팔면서 조그만 통을 하나 갖다 놓고는 10원을 벌면 1원을 통에 넣었습니다. 그리고 새벽기도회에 나가고, 주일 성수를 했습니다. 말씀을 들으면서 믿음이 들어갔습니다. 그리고 들은 말씀을 실천하려고 노력했습니다.

그러한 삶이 반복되자 약전골목 장안에 소문이 돌기 시작했습니다. 그때 친구가 자신이 도와줄 테니 약 장사를 한번 해 보라고 추천했습니다. 약들을 길거리에 펴 놓고 친구가 공책에 몇 개 적어 준 처방전대로 약초를 팔았습니다. 그런데 놀랍게도, 정씨가 지어 준 약을 먹기만 하면 사람들이 병이 다 낫는 거예요! 그때부터 사람들이 몰리기 시작했습니다. 어찌나 장사가 잘되었는지 아주 유명한 약방이 되었습니다. 대구에서 전설적인 정씨가 바로 대구서현교회 정규만 장로님입니다.

정규만 장로님이 이후 얼마나 귀한 일을 많이 했는지는 장례식 때 밝혀졌습니다. 경북, 대구 지역의 어려운 목회자들 중에 그분의 도움을 받지 않은 사람이 없었습니다. 뿐만 아니라 돈이 없어 공부를 못하는 학생들, 사업 자금으로 곤란에 처한 많은 사람이 장로님의 도움을 받았습니다. 특히 시골에서 목회자가 오면 돈을 세서 주는 정도가 아니라 자기도 시험에 들까 봐 그냥 집어서 주었다고 합니다. 이처럼 정규만 장로님은 대구 지역이 신앙적으로 부흥되는 데 매우 큰 영향을 끼친 신앙의 선배입니다. 마치 삭개오처럼요.

인생은 반복이 없습니다. 오늘이 처음이자 인생의 마지막입니다. 어떻게 살겠습니까? 이대로 살다 끝내겠습니까? 지금까지 살아온 삶에 별다른 변화가 없다면, 이제는 말씀대로 다시 한 번 내 삶의 주인을 바꾸어 보세요. 절대로 변화되지 않을 것 같습니까? 아닙니다. 주님은 우리를 만드셨습니다. 우리가 마음을 열기만 하면 주님이 하십니다. 주님을 만나면 삭개오처럼 본질적이고 더 소중한 가치로써 변화될 수 있습니다. 오늘 내 마음에 그리스도를 초청하지 않겠습니까?

GOD'S MAN

CH

CE

3

요한복음 19:38-42

후회뿐인 인생을
살고 싶지 않다면

진짜 나를 발견하고
예수께
달려가세요

혹시 살아오면서 후회되는 일들을 지금도 마음 한편에 간직하고 있나요? 오늘날 많은 사람이 '버킷 리스트'(bucket list, 죽기 전에 해 보고 싶은 일들을 적은 목록)를 만들어 하나씩 실천해 가는 모습을 보면, 어떤 면에서 우리는 인생을 후회와 아쉬움 속에서 살아가고 있는 것 같습니다.

하지만 아리마대 요셉이라는 사람보다 더 후회했던 사람이 또 있을까요? 성경을 보면, 그는 예수님의 제자였습니다. 그러나 제자답게 살지는 못했습니다. 예수님을 따르는 삶보다는 자기 것이 너무 소중했고, 그 모든 것을 버릴 만큼 예수님에 대한 확신이 없었던 탓입니다. 따라서 과감하게 주님을 따라나서지 못했습니다. 그러나 그가 머뭇머뭇한 순간, 예수님이 십자가에서 돌아가시고 말았습니다. 이제 그에게는 제자로서 예수님을 직접적으로 섬길 기회가 상실된 것입니다.

어쩌면 오늘 우리의 모습과 비슷하지 않습니까? 예수 믿는 사람이라면 누구나 이런 소망을 품습니다. '정말 예수 믿는 사람처럼, 정말 주님의 제자로 한 번 살아 봤으면….' 그러나 처한 현실은 녹록지 않지요. 그뿐 아닙니다. 주님의 말씀에 대한 확신이 마음에 와 닿지 않습니다. 그러다 보니 주저하다 시간을 보내기 쉽습니다. 어느 날 우리 인생의 마지막이 다가올 텐데, 후회와 아쉬움으로 끝낼 수는 없지 않나요?

그런데 그런 아리마대 요셉에게 변화가 일어났습니다. 예수님이 십자가에서 돌아가신 직후였습니다. 그는 총독 빌라도에게 가서 예수님의 시신을 달라고 간청해서 가져다가 자기가 묻힐 무덤에 예수님을 장사지냈습니다.

당시 십자가에서 처형당한 사람은 장사를 지낼 수가 없었습니다. 십자가에 달린 시신은 새나 들짐승의 먹이로 내주든지 그대로 두어서 사람들로 하여금 반란을 일으키고 어리석게 산 사람의 종말이 어떠한지를 보여 주는 증거로 삼았습니다. 따라서 아리마대 요셉은 모든 것을 버릴 각오를 하고 그런 선택을 했던 것입니다. 정말 놀라운 변화 아닙니까? 훗날 복음서 기자들은 아리마대 요셉의 삶에 대해서 평가하기를, 예수님의 참된 제자였다고 기록했습니다.

정말 예수님의 제자처럼 살고 싶은데, 고민만 할 뿐 머뭇머뭇하고 있다면 아리마대 요셉에게 일어난 변화와 확신의 동기를 살펴보는 것은 어떨까요?

정말 주님의 제자로 살고 싶나요?
아직 기회가 있어요

하나님은 기회를 주시는 분입니다. 아리마대 요셉은 하나님이 주신 기회를 붙잡았습니다. 하나님은 한 영혼이 주님께 돌아오도록 끊임없이 기회를 주십니다. 주님 앞에서 믿음으로 응답할 수 있는 기회입니다. 심지어는 때로 피하고 싶은 상황이라도, 그 가운데서 기회를 만들어 하나님 앞으로 돌아오게 하십니다. 가만 생각해 보면, 만약 그때 그 상황에서 겪은 아픔과 고통과 좌절이 아니었다면 우리는 주님 앞으로 돌아올 수 없었을 것입니다.

그렇다면 하나님의 어떤 사람에게 기회를 주실까요? 누가복음 23장 51절을 보면, 아리마대 요셉을 가리켜 '하나님의 나라를 기다리는 자'라고 소개하고 있습니다. 하나님은 하나님의 나라를 기다리는 자에게 기회를 주십니다.

아리마대 요셉은 영적인 관심이 늘 하나님께 머물러 있었습니다. 자기 자신에게 관심이 있는 사람은 주님을 섬길 직접적인 기회가 온다 할지라도 알아차리지 못하고 지나칩니다. 하지만 하나님이 하실 일에 영적인 눈이 뜨인 사람은 다릅니다. 하나님이 주신 기회를 놓치지 않고 꽉 붙듭니다. 하나님은 그런 아리마대 요셉에게 제자로서 마지막으로 예수님의 시신을 거두어서 깨끗한 세마포로 싸서 장사지낼 수 있는 기회를 허락해 주셨습니다. 아리마대 요셉이 예수님의 시신을 싼 세마포와 그가 제공한 무덤은 예수님의 부활을 확실히 증거하는 도구로 쓰임 받았습니다.

지극히 작은 자에게 냉수 한 그릇 준 것도 상을 잃지 않으리라고 말씀하신 주님은(마 10:42) 기회를 잃어버린 우리에게도 섬길 수 있는 기회를 오늘도 주십니다. 영적으로 눈이 뜨여 있는 사람, 하나님의 나라를 기다리는 사람에게 이 기회는 찾아옵니다. 또한 그 기회를 붙잡겠다고 응답하는 사람에게 주님은 복을 주실

뿐 아니라 그의 삶을 살아 계신 하나님을 증거하는 도구로 사용하십니다.

예수 십자가를 '막연히'가 아니라 '실존적으로' 만났나요?

모든 것을 잃어버릴 수 있음에도 불구하고 아리마대 요셉은 예수님의 시신을 요구하고 장사지냈습니다. 이러한 결단이 가능했던 이유는 그가 예수 그리스도의 십자가의 의미를 분명히 깨달았기 때문입니다. 당시 십자가는 반역죄를 저지른 중죄인이 받았던 가장 참혹한 형벌이었습니다. 따라서 십자가형은 가장 비참하면서, 동시에 어리석은 인생의 대가로 여겨지기도 했습니다. 그러나 아리마대 요셉은 이 비참한 십자가가 다른 한편으로 우리의 구원과 생명의 길이라는 사실을 깨닫게 되었습니다. 바울이 고린도전서 1장 18절에서 말했듯, 십자가의 도는 "멸망하는 자들에게는 미련한 것이요 구원을 받는 우리에게는 하나님의 능력"입니다.

만약 예수님이 십자가에 못 박혀 돌아가시기 전에, 제자들이 십자가의 진정한 의미를 깨달았다면 그들은 결코 도망가지 않았을 것입니다. 아마도 겟세마네 동산에서 주님이 피땀 흘리며 기도하실 때 함께 피땀 흘리며 기도했을 것입니다. 베드로는 주님의 제자 됨을 더더욱 담대하게 선포하고 사람들 앞에 분명히 나섰을 것입니다.

아리마대 요셉은 막연히 십자가만 바라보았을지 모릅니다. 예수님의 제자로서 하나님 나라에 대한 막연한 사모함이 있었을지 모릅니다. 그러나 예수님이 친히 말씀하신 대로 십자가를 향해 묵묵히 걸어가 매달려 죽으신 모습을 지켜본 그는 이사야 53장 5절 말씀이 바로 자신을 위한 것임을 알게 되었습니다. "그가 찔림은 우리의 허물 때문이요 그가 상함은 우리의 죄악 때문이라 그가 징계를 받으므로 우리는 평화를 누리고 그가 채찍에 맞으므로 우리는 나음을 받았도다."

아픔과 질병으로 고통받는 세상, 싸움과 갈등으로 찢어지고 부서진 세상을 대신해 주님이 십자가 고난을 당하셨습니다. 아리마대 요셉은 그 하나하나가 내가 치러야 할 고난인데 주님이 대가를 치르셨다는 사실을 받아들인 것입니다. 십자가가 다른 사람의 사건이 아니라 나의 사건임을 깨달은 것이지요. 예수님

주님은 기회를 잃어버린 우리에게도
섬길 수 있는 기회를 오늘도 주십니다.
영적으로 눈이 뜨여 있는 사람,
하나님의 나라를 기다리는 사람에게
이 기회는 찾아옵니다.

이 아프셨겠다, 괴로우셨겠다, 그 정도가 아니라 예수님의 고통이 나의 고통이요, 나의 아픔이 되었습니다. 신앙은 자기 내면에 주관화된 자기 고백을 요구합니다. 신앙이 나의 실존적인 문제가 될 때 비로소 삶에 변화가 일어납니다.

바로 이 십자가를 발견한 아리마대 요셉은 주님 앞에 자신의 모든 명예, 재물, 자존심을 내려놓았습니다. 그러고는 가장 소중한 주님의 시신을 눈물로 거두었을 것입니다. 아마도 이후 아리마대 요셉의 삶은 진정 십자가의 의미를 아는 자의 삶이 되었으리라 생각합니다. 더불어 십자가에서 부활하신 주님이 부활의 첫 열매가 되시어 우리에게 참 소망을 주셨고, 그분의 부활은 곧 나의 소망이라는 사실도 깨닫게 되었을 것입니다.

현실은 우리에게 희망을 주지 못합니다. 거짓 희망에 속지 마세요. 눈에 보이는 희망은 더 큰 절망을 위한 준비 단계라고 봐도 됩니다. 인생 경험상 틀리지 않습니다. 우리에게 진정한 희망은 하나님이 우리에게 주신 확실한 말씀이 주는 소망밖에는 없습니다. 그 소망을 바라보고 오늘 삶의 어려움을 헤쳐 나갈 수 있다는 믿음의 고백이 우리 속에 있다면 우리의 삶은 바뀔 수밖에 없습니다. 고통과 아픔과 슬픔밖에 없는 이 땅을 살아가며 참 소망을 노래하고 증거하는 믿음의 사람이 됩시다.

진정한 제자는

대가를 지불하면서도 행복합니다

1930년대 미국의 경기가 극도로 어려워진 대공황 시대에 캐나다 온타리오에서 있었던 일입니다. 아담 쉬아 목사의 아들 조지 쉬아는 미국에 있는 대학에 진학해 꿈을 키워 나갔습니다. 그러나 극심한 불경기 탓에 학비를 더 이상 받을 수 없었던 그는 아버지의 권유로 보험 회사에 취직해 희망 없이 살게 되었습니다.

그러던 어느 날, 우연히 방송국 편성국장을 만났고, 한 라디오 프로그램에 출현해 "가라 모세"(Go Down Moses)라는 노래를 부르면서 전국적으로 큰 반향을 얻게 되었습니다. 곧 프로그램에 고정으로 출연해 달라는 요청을 받았습니다. 22세의 청년에게 상상하지 못했던 명예와 인기가 한꺼번에 몰려오자 그는 꿈을 꾸는 것 같았습니다. 이제 수락만 하면 되었습니다. 그때 어머니가 평소에 좋아하는 시를 보내 주었습니다. 시의 내용은 이렇습니다.

"금이나 은보다 차라리 주 예수를 가지리 / 큰 재물을 가지는 이보다 차라리 예수의 것 되겠네 / 큰 집과 넓은 땅을 갖는 이보다 차라리 주 예수를 가지리 / 그의 못 박힌 손의 이끌림이 차라리 나으리라 / 만국을 다스리는 임금이 되어 죄의 공포와 세력의 노예가 되는 이보다 / 이 세상이 줄 수 있는 그 무엇보다 나 차라리 주 예수 가지리 / 인간들의 갈채를 받는 이보다 차라리 주 예수를 가지리 / 주의 귀한 일에 충성함이 차라리 나으리라 / 세상의 많은 명예보다 나 주 예수 가지리 / 주 예수의 거룩한 이름의 진실함이 차라리 나으리라."

꼭 자기를 겨냥해서 쓴 시처럼 느껴졌습니다. '왜 하필 이 순간 어머니는 이 시를 나에게 보내셨을까?' 그는 갈등이 되었습니다. 인생이 창창하게 펼쳐지려는 순간이었는데요.

그 후 어느 주일 아침, 자기도 모르게 흥얼거려지는 음악이 있었습니다. 그 음악은 어머니가 보내 준 시를 연상케 했습니다. 종이에 옮겨 적었습니다. 그렇게 해서 나온 찬송이 "주 예수보다 더 귀한 것은 없네"(새찬송가 94장)입니다.

이후 조지 쉬아는 어떻게 되었을까요? 빌리그레이엄전도단에 들어가서 자신의 달란트를 통해 수많은 사람에게 예수 그리스도가 구세주 되심을 증거하는 도구로 일평생을 살았습니다. 그는 주님을 위해 분명히 대가를 지불하며 살았던 것입니다.

아리마대 요셉도 참된 제자의 길은 기쁘게 대가를 치르는 것임을 깨달았습니다. 이제는 후회를 넘어서 사명의 길을 선택하게 된 것입니다. 아마도 그의 마음속에는 '제자는 주님을 따라가는 자야. 그리고 주님의 죽으심과 그분의 말씀, 예수님이 약속하신 대로 부활하시고 승천하시고 다시 오실 것을 증거하는 증인으로 사는 것이 내 삶의 우선순위'라는 결정이 분명히 섰을 것입니다. 이 세상에서 그 무엇보다 소중한 일이 예수 그리스도를 따르는 것임을 깨닫게 된 것입니다.

이것이 진정한 제자의 길 아닐까요? 십자가를 통해 진정한 나를 다시 발견하고, 우리에게 참된 소망을 주신 주님을 보는 마음의 눈이 열리기를 기도합니다. 연습도, 반복도 없는 우리의 인생, 후회만 하다가 끝내지 말고 정말 주님의 제자로서 살아갑시다.

GOD'S MAN

CH

CE

4

롯기 1:15-18

여러 갈래 길이
눈앞에 놓였다면

하나님
중심으로
바라보세요

인생을 살다 보면 흉년을 맞을 때가 있습니다. 관계의 흉년, 경제의 흉년, 건강의 흉년 등 다양합니다. 이해되지 않는 일들이 계속해서 우리의 삶을 엄습할 때, 게다가 그 문제들이 좀처럼 해결될 기미가 보이지 않을 때 우리는 어떻게 살아가야 할지 막막해 머뭇머뭇합니다. 그러곤 이내 중대한 선택의 기로에 서게 되지요.

우리는 살기 위해서 여러 가지 선택을 합니다. 그 선택은 때로 더 큰 어려움을 낳기도 하고, 반대로 절호의 기회를 만들어 내기도 합니다. 룻이라는 여인의 선택이 그러했습니다. 여호수아가 "너희가 섬길 자를 오늘 택하라 오직 나와 내 집은 여호와를 섬기겠노라"(수 24:15)라고 말한 이후 펼쳐진 사사 시대는 매우 혼란했습니다. 하지만 그 시대를 살았던 룻은 고난과 절망의 밑바닥에서 영적 선택을 함으로써 자기 삶을 역전시켰고, 마침내 회복되었습니다.

이처럼 영적 선택의 원리를 가르쳐 주는 책인 룻기는 사사들이 치리하던 혼란스러운 때에 그 땅에 흉년이 들었다는 말씀으로 시작합니다(룻 1:1). 흉년을 만난 인생들의 이야기입니다.

나오미의 가정은 흉년을 피해 모압으로 떠났으나 또다시 견디기 어려운 흉년을 맞닥뜨리고 말았습니다. 나오미의 남편 엘리멜렉이 죽었고, 심지어 두 아들 말론과 기룐까지도 죽게 되었습니다. 흉년으로 삶의 어려운 문제들이 시작되었고, 이기기 위해 몸부림쳤으나 10여 년의 세월이 지나는 동안 결국 세 과부만 남게 된, 삶의 고달픈 여정이 소개되어 있습니다.

룻기는 이처럼 몰락한 가정, 고난의 정점에 선 룻이라는 여인의 선택을 보여 줍니다. 룻은 과연 어떤 선택을 했고, 어떤 결과를 낳았을까요?

선택의 기로에 섰나요?

하나님 중심으로 방향을 트세요

선택할 수 있는 것이 아무것도 없다고 생각한 순간, 룻은 하나님을 선택했습니다. 아들 둘을 잃은 나오미는 며느리 룻에게 "보라 네 동서는 그의 백성과 그의 신들에게로 돌아가나니 너도 너의 동서를 따라 돌아가라"(룻 1:15)고 말했습니다. 여기서 룻에게 돌아가라고 말한 곳은 오르바에게 말한 대로 '그의 신들에게'를 의미합니다. 모압 땅의 이방 신에게로 돌아가라는 것입니다.

그러나 룻은 다른 선택을 했습니다. 남편이 죽은 고난의 상황에서 익숙했던 자기 백성과 자기 신들이 아니라 하나님을 선택했습니다.

이방 여인인 룻이 하나님을 선택한 데는 그녀가 자신의 삶을 통째로 바꾸기로 결단했다는 의미가 담겨 있습니다. 나라와 민족을 하나님을 믿는 이스라엘로 바꾸겠다는 의미요, 그동안 살아온 이방 문화를 송두리째 버리겠다는 뜻이요, 교류하는 모든 관계를 새로이 하겠다는 것입니다. 나와 세상을 보는 관점을 하나님 중심으로 전향하겠다는 의미입니다. 인생의 기준을 말씀에 두어 '하나님이 기뻐하시는 삶'으로 삶의 목표를 바꾸겠다는 뜻입니다.

이전까지 룻은 하나님을 관념적으로 믿었을지 모릅니다. 그러나 하나님을 믿겠다고 구체적으로 선택한 후 달라졌습니다. 룻은 자신이 태어나고 자란 익숙한 땅 모압을 떠나 전혀 다른 땅 이스라엘로 거처를 옮겨야 했습니다. 그곳에서는 생활방식이 전혀 달라질 것이었습니다. 뿐만 아니라 부양해야 할 시어머니도 있었습니다. 그러나 룻은 하나님을 선택했고, 자신이 책임질 일을 감당했습니다. 관념적 신앙에서 벗어나 믿음으로 하나님을 선택해 새 출발을 했습니다. 관념적 신앙이 실체가 된 것이지요.

오늘 우리의 신앙생활은 어떻습니까? 성도들 중에 어려움이 오면 기도의 자리, 예배의 자리, 감사의 자리, 찬양의 자리를 떠나는 사람들이 얼마나 많은지 모릅니다. 심지어는 신앙의 자리를 떠나는 경우도 있습니다. 그러나 우리는 룻처럼 어려움이 닥치면 도리어 하나님 앞에서 자기 삶을 돌아보고 "하나님의 말씀대로 내 삶을 바꾸겠습니다" 결단해야 합니다.

하나님은 하나님을 선택했던 룻의 선택이 이제 우리의 선택이 되기를 원하십니다. 하나님은 우리가 어려움 앞에서 세상과 믿음 사이에 양다리를 걸치고 머뭇머뭇하며 살아가는 인생이 아니라 오직 하나님만을 선택하기를 바라십니다.

다만 하나님을 사랑하면
무엇이든 할 수 있어요

하나님을 선택한 룻은 이제 하나님을 사랑하기로 선택했습니다. 룻은 시어머니를 따르겠다는 결단을 할 때 "어머니의 하나님이 나의 하나님이 되시리니"(룻 1:16)라고 고백했습니다. 여기서 사용한 '하나님'이라는 단어는 '야훼', 곧 '언약의 하나님'이라는 표현입니다.

이 표현을 두고 《호크마 주석》은 이방인이었던 룻이 '야훼 하나님'이라는 여호와의 이름을 부른 것으로 볼 때 룻이 모압 신을 떠나 여호와 하나님을 믿는 신앙을 확실히 가지고 있었다고 해석합니다. 룻은 이미 언약 백성이었던 것입니다. 이미 룻의 내면에는 '하나님'이 존재했습니다. 여호와 하나님, 언약을 지키시는 하나님, 자기 백성을 버리지 않고 끝까지 붙드시는 하나님! 룻은 그 하나님을 확실히 믿고 있었습니다.

특히 룻의 고백 가운데 "만일 내가 죽는 일 외에 어머니를 떠나면 여호와께서 내게 벌을 내리시고 더 내리시기를 원하나이다"(룻 1:17)라는 말은 여호와 신앙을 가진 유대인들의 전통적 표현 방법이라고 합니다. 이는 룻이 시어머니 나오미를 따라간 것은 단순히 며느리로서 인간의 도리를 다하기 위해서만은 아니었음을 의미합니다. 룻의 선택 기준은 다만 하나님을 사랑하는 마음이었습니다. 오직 나의 하나님을 믿고 사랑하기에 자기에게 주어진 환경과 짐으로 여겨질 수 있는 시어머니까지도 선택할 수 있었던 것입니다.

요한복음 21장 15-17절에서 예수님을 세 번이나 부인한 후 바닷가로 돌아온 배신자요, 실패자 베드로를 예수님이 찾아오셨습니다. 그때 주님은 베드로에게 "네가 나를 사랑하느냐?" 하고 세 번이나 물으셨습니다. 베드로의 답을 들으신 후 예수님은 "내 양을 먹이라"고 말씀하셨습니다. 다시 말해, "네가 나를 사랑한다면 내 양을 먹이라"고 하신 것입니다. 베드로는 순종했습니다.

이후 베드로가 살아온 삶을 떠올려 보세요. 생명을 바쳐 예수님을 따랐고 초대교회를 세워 나갔습니다. 배신자요, 실패자 베드로가 그처럼 희생적인 삶을 살아 내다니요! 제자로서의 도리나 죄송스러움 때문이 아니었습니다. 다만 주님을 사랑하기 때문이었습니다. 우리도 마찬가지입니다. 우리가 사랑할 수 없는 사람을 사랑하고, 할 수 없는 일들을 감당하고, 갈 수 없는 곳을 가는 이유는 바로 주님의 사랑 때문입니다.

인생을 살다 어려움을 겪고 나면 누군가를, 혹은 하나님을 원망하게 됩니다. 외부적 흉년은 곧 내부적 흉년으로 이어지기 마련입니다. 그럼에도 불구하고 주님이 "내 양을 먹이라"고 부탁하신다면 그 양을 사랑할 수 있겠습니까?

룻도 비록 시어머니를 봉양해야 하는 상황이지만 하나님을 사랑하기 때문에 자기에게 주어진 삶을 사랑하기로 결정했습니다. 주님은 우리도 룻처럼 하나님을 사랑하기를 선택하기를 간절한 마음으로 요청하십니다. "사랑하는 아들(딸)아, 네가 만약 나를 사랑한다면 네가 정말 짊어지기 어려운 내 양을 사랑해 줄 수 있겠니?" 주님의 질문에 무엇이라고 답하겠습니까?

정면 돌파,
낮은 자리에서 시작하면 됩니다

하나님을 사랑하기로 선택한 룻은 이제 자기 현실을 피하지 않고 직면하기로 마음을 먹었습니다. "나오미가 룻이 자기와 함께 가기로 굳게 결심함을 보고 그에게 말하기를 그치니라"(룻 1:18).

그런데 지금 나오미가 가려고 하는 이스라엘 베들레헴 땅은 이방 여인 룻에게는 어떤 곳입니까? 외로운 곳, 버림받을 곳, 죽게 될 곳입니다.

룻은 외롭고, 버림받고, 죽게 될 자기 자신의 현실을 있는 그대로 받아들였고, 낮은 자리에서 다시 시작하기로 결단했습니다. 밑바닥부터 시작했습니다. 자기가 있어야 하는 자리가 비천한 자리라는 현실을 받아들인 것입니다. 당시 가장 비천한 사람들은 남들이 농사짓고 남긴 이삭을 주워서 끼니를 겨우겨우 이어 갔습니다. 룻은 이처럼 비천한 자리를 자청했고, 시어머니를 봉양하며 하루하루 삶을 이어 갔습니다.

그런데 놀랍게도, 우리가 보기에 가장 낮고 비천한 그 자리가 사실은 룻이 하나님이 예비하신 남편 보아스를 만나는 자리였습니다. 나아가 그 자리는 인류를 죄에서 구원하시는 예수가 태어나실 매우 중요한 자리였습니다.

우리는 갑자기 어려움을 겪으면 대개 자신을 받아들이지 못해 고통스러워합니다. '나에게 이런 일이 일어날 리 없어. 뭔가 잘못된 거야!' 하면서 고통에서 좀처럼 헤어 나오지 못합니다. 고통이 연장되는 것입니다. 그러나 비록 현재 내 자리가 비참할지라도, 연약할지라도 하나님을 바라보면 하나님이 예비하신 축복의

우리가 사랑할 수 없는 사람을 사랑하고,
할 수 없는 일들을 감당하고,
갈 수 없는 곳을 가는 이유는

바로 주님의 사랑 때문입니다.

길이 열립니다. 현실을 부정하기보다 현실 속에 서 있는 나를 받아들이고 그 속에서 다시금 하나님의 뜻을 구할 때 하나님의 놀라운 역사를 경험할 수 있습니다.

내가 처한 현실을 있는 그대로 받아들일 줄 아는 사람, 겸손한 마음으로 하나님이 이후에 주실 삶을 기대하며 아무리 낮은 자리라 하더라도 마다하지 않고 그 자리에서 다시 시작하는 사람, 그가 바로 복된 자입니다. 그리고 그 자리야말로 하나님이 우리의 미래를 열어 가시는 자리입니다.

살다 보면 인생에 흉년이 찾아올 때가 있습니다. 건강이 상하거나 사랑하는 자녀가 이 세상을 먼저 떠나는 등 크나큰 아픔을 경험할 때도 있습니다. 때로는 내가 일평생 쌓아 놓았던 기업이 무너질 때도 있습니다. 다시금 회복되지 않을 것 같은 자리, 이젠 더 이상 아무것도 할 수 없다고 생각되는 불가능의 자리에서 우리는 무엇을 선택해야 하겠습니까? 오직 하나님입니다.

결국 어떤 선택을 하느냐는 신앙의 결단과 연결되어 있습니다. 앞이 보이지 않는 자리에서도 하나님을 선택하며 내 삶을 새롭게 바꾸겠다는 결단입니다. 그러니 절망의 순간, 바닥으로 치닫는 여정이라 할지라도 하나님 앞에서 나를 다시 세우고, 주님께로 돌아가는 신앙의 전환점으로 삼아야 하겠습니다.

GOD'S MAN

CH

CE

5

요나 2:1-2

이리저리 치여
시달리고 있다면

기도를
시작하세요

1861년은 미국 남북전쟁이 일어난 해입니다. 제16대 미국 대통령 에이브러햄 링컨이 취임한 직후에 발발한 남북전쟁은 약 4년간 많은 상처와 아픔을 남기고 북군의 승리로 종결되었습니다. 이로 인해서 노예가 해방되는 역사적 사건이 있었으나, 링컨은 암살을 당했고, 남과 북의 갈등과 앙금은 계속해서 남아 있었습니다. 패배한 남쪽이나 승리한 북쪽이나 똑같이 전쟁의 후유증을 겪었고 상실과 괴로움 때문에 새로운 일에 도전할 의욕이 없었습니다.

그러던 1868년 셉티머스 위너라는 사람이 슬픔과 낙심에 젖어 있는 사람들을 위해서 "속삭이는 희망"(Whispering Hope)이라는 노래를 지었습니다. 이 노래가 당시 사람들에게 얼마나 많은 위안을 주었는지 모릅니다. 이 노래는 계속해서 퍼져 나갔고, 절망으로 지쳐 있는 수많은 사람에게 용기를 주는 노래로 알려졌습니다. 우리나라에는 "희망의 속삭임"이라는 제목으로 번역되어 불렸습니다.

"천사처럼 부드러운 목소리가 내 귀에 지금까지 한 번도 들어 보지 못했던 새로운 교훈을 속삭이듯 들려준다 / 어둠이 지날 때까지 기다리라고, 폭풍우가 끝날 때까지 기다리라고 / 어둠이 사라지고 태양이 떠오르는 내일이 오기를 희망하면서 속삭이는 희망 / 오 슬픔에 찬 내 마음을 즐겁게 해 주는 그대 음성이 얼마나 반가운지 / 땅거미 지는 황혼녘 어둠이 짙어질수록 별들이 반짝이지 않는가 / 그런데 왜 어둠이 우리를 찾아오면 낙심을 하는가 어두운 밤이 지나오면 새날이 밝아오는데 속삭이는 희망 / 오 슬픔에 찬 내 마음을 즐겁게 해 주는 그대 음성이 얼마나 반가운지."

가사를 읽으면 어느새 마음속 어둠이 사라지면서 새로운 희망이 솟는 것 같습니다. 요나서를 읽을 때도 마찬가지입니다. 지친 삶 한가운데서 요나서 앞에 머무르면 '어떻게 요나는 절망을 이겨 내고 새로운 시작을 할 수 있었을까?' 하는 생각을 자주 하게 됩니다. 그러면서 요나의 기도를 읊조려 봅니다.

우리가 살고 싶은 세상이 어떤 세상이겠습니까? 아마도 고통과 아픔, 슬픔이 없는 세상일 것입니다. 그러나 헛된 꿈이지요. 이 땅을 살면서 고난과 시련을 피할 수는 없습니다. 그러면서 한편으로는 고난과 실패, 아픔이 있었기에 우리가 이만큼이라도 형성된 것은 아닐까 생각해 봅니다. 그렇다면 피할 수 없는 고난 앞에서 어떻게 살지, 무엇을 할지 지혜롭게 선택하는 방법을 배우는 편이 훨씬 더 현실적인 대안일 것입니다.

"세상에서 가장 큰 일은 자기가 겪는 일"이라는 말이 있습니다. 불투명한 미래 앞에서 어떻게 살아야 될지 모르는 채 고통 중에 하루하루 살아가는 사람들이 얼마나 많은지 모릅니다. 어쩌면 우리 한 사람, 한 사람은 각자의 인생 속에 기다리고 있는 고난을 향해, 태풍이 몰아치는 폭풍우 속으로 한 걸음, 한 걸음 걸어가고 있는 것 같습니다.

혹시 지금 내 삶이 위기라고 생각되나요? 그렇다면 바른 자세를 취해야 합니다. 그간 살아온 삶의 방식으로는 이겨 낼 수 없습니다. 평범할 때 삶의 자세와 고난이 닥쳤을 때 삶의 자세는 분명히 다릅니다. 요나는 물고기 배 속이라는 최악의 절망 속에서 무슨 선택을 했을까요? 어떤 선택을 했기에 다시금 새로운 시작으로 이어지는 여정을 걸을 수 있었을까요?

◎

이리 치이고 저리 치이고 있나요?
기도의 무릎을 꿇으세요

자신의 힘으로는 벗어날 수 없는 상황에 압도되었을 때 가장 중요
한 전환점은 기도입니다. 요나 2장 1절을 보면, 당시 상황을 "요나
가 물고기 배 속에서 그의 하나님 여호와께 기도하여"라는 말로
전합니다. 요나는 살아 있는 물고기 안에 있었습니다. 아마도 요
나는 물고기가 헤엄을 치면서 계속 요동을 치니까 이쪽 벽에서
저쪽 벽으로 내동댕이쳐졌을 것입니다. 또한 끊임없이 올라오는
비린내 때문에 역겨워서 토하기도 했을 테지요. 한마디로, 전혀
기도할 수 없는, 아니 '기도'라는 단어조차 생각나지 않는 상황
이었습니다.

그러나 요나는 이리 치이고 저리 치이는 환경 속에 자기를 내
맡겨 두지 않았습니다. 혼란의 와중에서 자기가 일평생 믿어 온
하나님, 자기가 예배했던 하나님을 기억해 냈습니다. 스올의 배

속에서 부르짖는 자신의 신음 소리까지도 들으시는 하나님을 기억해 내 그 하나님께 부르짖었습니다. 그는 기도하기 시작했습니다.

물고기 배 속의 요나가 3일 동안 얼마나 절박하게 기도했을까요? 시간과 환경은 하나님이 우리를 일깨우시는 도구입니다. 그래서 하나님은 그분의 뜻을 알려 주실 때 많은 사람을 광야로 몰아넣으셨고, 긴 시간을 기다리게 하셨습니다. 우리는 오늘 하나님의 시간과 공간 안에 있습니다. 나는 왜 기도해도 응답이 없냐며 낙망하지 마세요. 하나님이 다 아시고 지금 이 시간에도 보고 계시니까요. 하나님이 나에게서 찾고 싶은 것이 있어서 시간과 공간을 사용하시는 것뿐입니다.

그래서 흔히 "인생의 광야는 하나님의 확성기"라고 이야기합니다. 세상에서는 듣지 못했던 하나님의 음성을 뚜렷이 들을 수 있는 곳이 고난의 자리라는 의미입니다. 그 긴 여정에서 우리는 부르짖어야 합니다.

성경은 당시 요나의 마음을 이렇게 전해 줍니다. "내 영혼이 내속에서 피곤할 때에 내가 여호와를 생각하였더니"(욘 2:7). '여호와를 생각하였더니'라는 말은 단지 하나님을 기억해 냈다는 뜻이 아닙니다. '나에게 하나님은 누구이신가'를 고민하며 하나님을 집중적으로 묵상했다는 의미입니다. '아, 내게 하나님이 계시지!' 하며 하나님에 대한 생각을 깨달았다는 뜻이지요. 마치 탕자가 재산을 탕진하고 돼지우리에서 비참한 하루하루를 살아가던 어느 날, 갑자기 '아, 내게는 아버지 집이 있지 않은가!'(눅 15:17-19 참고) 하며 눈을 뜬 것과 같습니다.

우리는 우리가 처한 문제 때문에 때로 낙심하고 절망합니다. 심하면 신앙이 흔들려 교회를 떠나기도 합니다. 그러나 적어도 그전에 단 한 번이라도, '내가 믿는 하나님은 나에게 어떤 분이실까? 그분은 나에 대해서 어떻게 생각하실까?' 이런 생각을 해 본 적이 있나요? 문제라는 태풍 한가운데서 말입니다. 요나처럼 어려움을 붙들고 기도하다 보면 고난 너머에 계신 하나님을 만나게 됩니다. 문제보다 문제 너머에 계신 하나님을 바라봅시다.

어쩌면 우리는 문제를 통해서 기도를 배운 듯합니다. 절망과 낙심 때문에 기도의 깊이가 더해지지 않았나요? 고난이 없다면 우리 중에 기도할 사람이 과연 얼마나 될까요? 생각해 보면, 때로 응답받지 못한 기도 때문에 그 기도에 더욱 집중하게 되었습니다. 어쩌면 기도는 고난과 더불어 우리의 삶에 찾아온 믿음의 아름다운 유산일지도 모르겠습니다.

많이 힘들고 어렵다면, 그러한 때에 기도하기를 선택하세요.

지금 내 삶이 여기가 끝이 아니라면, 내가 걸어가야 할 인생이 많이 남아 있다면 내 인생의 주인이신 하나님 앞에서 간절하게 기도해야 하지 않겠습니까?

오늘 내가 살아 숨쉬는 것, 다 하나님의 은혜입니다

최악의 절망 가운데서 하나님께 부르짖은 요나는 하나님의 은혜를 깨닫게 되었습니다. 요나는 자기 주관이 뚜렷한 사람으로서, '하나님은 선한 하나님의 백성에게는 상 주셔야 하고, 앗수르처럼 잔인하고 악독한 민족은 반드시 심판하셔야 한다'는 신념을 가지고 있었습니다.

그런데 요나가 똑같은 기준으로 앗수르와 자신을 비교해 보니 자기 역시 죽어 마땅한 존재였습니다. 하나님의 종인 자신도 니느웨가 아니라 다시스로 가는 과정에서 한 단계, 한 단계 하나님의 말씀을 불순종했습니다. 하지만 바다에 빠진 후 눈을 떠 보니 물고기 배 속에서 살아 있었습니다! 요나는 죽어 마땅한 자신이 살아 있다는 사실을 발견하고는 그제야 하나님의 놀라운 자비와 긍휼을 깨달았습니다.

하나님이 명령하셨음에도 불구하고 내 마음대로, 내 뜻대로 살았던 지난날을 돌아보세요. 만약 하나님이 내 마음속 깊이 숨겨둔 죄악까지 하나하나 따지면서 나를 심판하신다면 우리가 지금 살아남을 수 있을까요?

은혜를 아는 사람은 자기의 지나간 삶 속에서 무엇이 가장 가치 있고 소중한 시간이었는지를 깨닫게 됩니다. 지난날 가장 소중했던 시간이 언제입니까? 시험에 합격한 날, 취업한 날, 사랑하는 사람을 처음 만난 날 등을 떠올릴 수 있습니다. 그러나 요나는 하나님의 은혜를 발견하자 자기에게 가장 소중했던 시간이 주의 성소에서 하나님을 바라보고, 기도하고, 찬양하고, 예배했던 시간이라고 고백했습니다.

저는 종종 환자들을 만납니다. 그분들 중에는 중증 환자로서 회복 불가능 판정을 받은 분들도 있습니다. 그분들께 살아온 삶 속에서 무엇이 가장 아름다웠냐고 물어보면, 대개 두 가지를 얘기합니다. 하나님 앞에서 예배하고 찬송했던 시간과 가족과 함께했던 추억입니다. 이는 전문가들이 이야기하는 죽음을 앞둔 사람들의 공통적인 답변과도 일치합니다.

또한 은혜를 알아야 내 삶 속에서 하나님이야말로 유일한 소
망이시요, 유일한 생명의 근원이 되신다는 사실에 감사할 수 있
습니다. 우리 앞에 수많은 선택의 기회가 놓여 있을 때는 그 고백
이 나오지 않습니다. 요나 역시 은혜를 깨달은 후 "하나님만이
나의 축복과 생명줄이심을 내가 깨달을 수 있어서 감사합니다"
라고 고백했습니다.

우리의 지나온 인생을 어떤 관점에서 해석해야 할까요? 실패
를 따라 우리 삶을 돌아보면 패배주의자가 됩니다. 성공을 따라
삶을 바라보면 교만해집니다. 하나님의 은혜를 따라 바라보면
주님 안에서 실패도, 성공도 하나님의 은혜였음을 고백하게 됩
니다.

버티지 말고
"다시 주 위해 살겠습니다", 결단하세요

하나님의 은혜를 따라 삶을 보게 된 요나는 다시 신앙을 고백했
습니다. "나는 감사하는 목소리로 주께 제사를 드리며 나의 서원

‘내가 믿는 하나님은 나에게 어떤 분이실까?
그분은 나에 대해서 어떻게 생각하실까?’
이런 생각을 해 본 적이 있나요?
문제라는 태풍 한가운데서 말입니다.

을 주게 갚겠나이다 구원은 여호와께 속하였나이다"(욘 2:9). 특히 그는 하나님께 기도하고 하나님의 은혜를 깨닫는 과정에서 3가지 결단을 하나님께 올려 드렸습니다.

가장 먼저, 제사를 서약했습니다. 하나님 앞에 감사함으로 예배드리겠다고 고백했습니다. 대개 어려움을 통해 하나님의 은혜를 받은 사람에게서 두드러지는 특징은 예배의 변화입니다. 우리가 예배를 통해 회복해야 할 것이 있다면 '하나님은 하나님 되시고 나는 피조물이 되는 것'입니다. 우리는 참된 예배를 드리기 위해 내 지식과 경험을 사로잡아 하나님의 발 앞에 내려놓고 나를 쳐서 복종시켜야 합니다. 나 자신을 하나님께 올려 드려야 합니다.

또한 요나는 사명의 재헌신을 서약했습니다. 그는 자신에게 주어진 일이 하나님께 순종하는 것임을 깨달았습니다. 이제 하나님의 절대 주권, 섭리에 능동적으로 반응해 기뻐하며 순종하며 나가겠다는 결단을 하나님께 드린 것입니다. 그러면서 마침내 요나는 하나님의 절대 주권을 믿는 신앙을 고백했습니다. "내가 심판자가 아닙니다. 내가 내 인생의 주인이 아닙니다. 나는 단지 순종하는 종일 뿐입니다"라는 고백입니다.

기도한 요나, 은혜 받았던 자기 과거를 돌아본 요나, 하나님께 다시 신앙을 고백한 요나에게 무슨 일이 일어났습니까? "여호와께서 그 물고기에게 말씀하시매 요나를 육지에 토하니라"(욘 2:10). 어쩌면 우리가 가장 듣기 원하는 말씀이 아닐까요? 고난의 자리에서 토해지고 새로운 기회가 주어지는 것 말입니다. 여기서 더 중요한 것은 토해지기 이전에 이미 요나는 다른 사람으로 변화되어 있었다는 사실이지요.

우리도 피할 수 없는 고난이라면, 그리고 그 고난을 통해서 우리가 하나님 앞에 보다 존귀한 사람으로 세워질 수 있다면 고통의 때에 요나의 기도를 떠올리며 기도합시다. 하나님이 나의 삶 속에 주신 은혜를 기억합시다. 그리고 내 신앙을 재정립해 하나님께 믿음으로 나아가며, 하나님의 절대 주권 앞에 순종합시다. 그때 우리 고난의 물고기가 우리를 토해 내어 새로운 세계로 인도할 것입니다.

GOD'S MAN

CH

CE

6

사무엘상 7:3-12

길고긴 기다림,
고통과의 오래된 싸움 중이라면

하나님께
마음을
전부 쏟으세요

가장 절망스런 시기에 우리 민족에게 예수 그리스도의 복음이 전해졌습니다. 나라를 잃어버린 이 민족은 하나님의 은혜로 다시 꿈꿀 수 있게 되었습니다. 하나님이 통치하시는 나라, 하나님 나라의 꿈 말입니다. 그 꿈을 붙잡고 한 걸음, 한 걸음 걸어왔습니다. 그리고 역사의 주인이신 하나님께 간절히 기도하며 시련을 이겨 내 오늘에 이르렀습니다.

지금 한국 상황은 상당히 어렵습니다. 외적으로는 열강들이 자국의 이익을 위해 한반도를 중심으로 힘겨루기를 계속하고 있고, 설상가상 내적으로 분리되어 문제를 해결할 만한 대책이 하나로 모아지지 않는 실정입니다.

그 옛날 이스라엘 백성도 다를 바 없었습니다. 사무엘상을 보면 이스라엘은 블레셋과의 전투에서 큰 패배를 당했습니다. 그로 인해 군사적으로, 정치적으로, 경제적으로 막대한 피해를 입었을 뿐 아니라 정신적으로, 영적으로 몰락하는 지경에 처했습니다. 법궤, 즉 임재하시는 하나님을 모시고 싸우면 승리할 것이라고 희망을 걸었건만 법궤마저 빼앗기면서 이스라엘 백성은 절망했습니다. 성경은 그들이 하나님을 잊었다고 말합니다.

어려운 상황을 마주하면 용기가 사라집니다. '이 문제를 어떻게 풀어 가야 하는가?'를 전혀 알지 못해 암흑을 통과하는 듯한 두려움이 폭풍처럼 몰려옵니다. 혹시 지금 손을 놓고 한 발자국도 움직이지 못하는 분이 있나요? 현상적인 이유는 다르겠지만, 근본적으로는 마음의 용기를 잃어버린 탓입니다. 용기를 잃어버리면 더 이상 발을 내디딜 수가 없거든요.

그런데 놀랍게도 사무엘상 7장 2절을 보면, "이스라엘 온 족속이 여호와를 사모하니라"라고 기록되어 있습니다. 여기서 '사모하다'라는 단어의 어원은 '슬퍼하면서 찾다'입니다. 막다른 골목에서 하나님을 잊었는데, 어떻게 해서 다시 하나님을 마음을 다해 찾을 수 있었을까요? 이후 사무엘상 7장 12절은 '에벤에

셀', 즉 '여호와께서 우리를 도우셨다'는 말씀으로 끝납니다. 과연 이스라엘은 어떻게 절체절명의 위기, 그처럼 길고 지루한 기다림을 이겨 내고 다시 앞으로 발을 내디딜 수 있었을까요?

지쳐 손 놓고 있나요?
지금 바로 말씀 앞에 자신을 세우세요

이스라엘 백성은 가장 먼저 회복을 위해 하나님의 말씀 앞에 섰습니다. 이스라엘 백성이 하나님의 말씀 앞에 설 수 있었던 이유는 하나님의 말씀이 일으키는 놀라운 역사를 목도했기 때문입니다. 그들은 법궤와 더불어 싸울 때 블레셋에게 져서 법궤를 빼앗기고 말았습니다. 그런데 놀랍게도, 블레셋 땅에서 법궤가 가는 곳마다 전염병이 돌았습니다. 법궤를 블레셋 신전에 두었더니 신상들이 다 부서져서 벧세메스로 보냈습니다. 벧세메스에서도 법궤를 본 많은 사람이 죽었습니다. 그래서 결국 법궤를 기럇여아림에 있는 아비나답의 집에 두었습니다. 이때 아비나답은 그의 아들 엘르아살을 거룩하게 구별하여 여호와의 궤를 지키게

했습니다. 그 후 법궤가 아비나답의 집에 20년간 있으면서 그 가정이 얼마나 많은 복을 받았는지 모릅니다.

그 모습을 이스라엘 백성이 다 지켜보았습니다. 그러면서 생각이 바뀌었지요. '하나님이 우리를 떠나신 것이 아니구나. 하나님을 바로 모실 때 하나님은 당신의 백성에게 복을 주시는구나. 하나님은 복 주시는 하나님, 자기 백성을 살피시는 분이구나.'

또한 이스라엘 백성은 사무엘의 외침 때문에 하나님의 말씀 앞에 설 수 있었습니다. 20년간 하나님을 향해 귀를 닫고, 마음을 닫은 이스라엘 백성에게 사무엘이 무슨 일을 했습니까? 온 지역을 다니면서 하나님의 말씀을 전파했습니다. 그러던 어느 날, 그들의 귀와 마음과 영이 열리면서 그들이 주의 말씀을 듣기 시작했습니다.

믿음은 들음에서 난다는 말씀처럼(롬 10:17 참고), 하나님의 말씀을 들을 때 그들 속에 믿음이 들어가기 시작했습니다. 그리고 그 믿음이 그들의 마음을 열었고, 그들은 하나님의 말씀 앞에 서서 자신을 돌아보았습니다. 왜 하나님의 말씀이 중요합니까? 하나님의 말씀에 길이 있고, 능력이 있고, 진리가 있기 때문입니다.

저는 사역을 하면서 막막할 때면 하나님께 하소연하곤 했습니다. "하나님, 저는 너무나 약해요. 제게 길이 없어요. 방법이 없어요." 방법이 없을 때 보통 사람들은 절망하지 않습니까? 그런데 그 순간, 제 마음을 잘 아시는 하나님이 주신 말씀이 떠올랐습니다. "내가 곧 길이요 진리요 생명이니"(요 14:6).

매우 평범하고 익숙한 말씀인데 당시 제게는 실존적으로 다가왔습니다. "내가 곧 길이라고 했잖아." 예수님 안에 길이 있다는 것입니다. 내가 곧 진리이고, 삶의 기준이라고, 다시금 너의 삶을 붙들고 너로 하여금 새롭게 나갈 수 있는 길이 되고 기준이 되어 주겠다고 주님은 말씀해 주셨습니다. 그 말씀을 통해 꺾였던 제 마음속에 다시 용기와 힘이 생겼습니다. 말씀 속에 생명의 길, 인생의 기준이 있습니다.

그다음,
하나님 앞에서 토하듯 다 쏟아내세요

사무엘은 하나님을 갈망하며 말씀 앞에 나온 백성에게 회복의 길, 하나님께 나가는 길을 말해 주었습니다. "만일 너희가 전심으로 여호와께 돌아오려거든 이방 신들과 아스다롯을 너희 중에서 제거하고 너희 마음을 여호와께로 향하여 그만을 섬기라 그리하면 너희를 블레셋 사람의 손에서 건져 내시리라"(삼상 7:3).

하나님의 말씀 앞에 선 이스라엘 백성은 하나님의 음성에 귀를 열고, 마음을 열었습니다. 이제 말씀에 순종할 준비가 되었습니다. 성경은 당시 이스라엘 백성의 마음이 어떠했는지를 4절에서 '이에'라는 접속사를 사용해 다음과 같이 설명합니다. "이에 이스라엘 자손이 바알들과 아스다롯을 제거하고 여호와만 섬기니라." 사무엘이 전한 하나님의 말씀을 듣자마자 곧장 회개의 길로 들어섰다는 뜻입니다.

'회개'를 문자적으로 풀이하면, '내가 살아온 삶을 후회하고 다시는 그 삶을 살지 않고, 새로운 삶으로 나가는 것'입니다. 회개에서 가장 중요한 일은 내 속에 있는 '아스다롯의 우상'을 제거하는 것입니다. '열심히 노력만 하면, 돈만 있으면, 스펙만 좋으면 얼마든지 잘 살 수 있다.' 바로 이 마음이 우상입니다. 이런 것들을 제하고 하나님만 섬겨야 합니다. 절대 주권이 하나님께 있음을 믿음으로 고백하고 하나님 앞으로 나가야 합니다.

그리고 이스라엘 백성은 마음속에 있는 것을 하나님 앞에 토하듯 다 쏟아 놓았습니다. 본문인 사무엘상 7장 6절은 "미스바에 모여 물을 길어 여호와 앞에 붓고"라고 당시 상황을 알려 줍니

회개에서 가장 중요한 일은
내 속에 있는 '아스다롯의 우상'을
제거하는 것입니다.
절대 주권이 하나님께 있음을
믿음으로 고백하고 하나님 앞으로 나가야 합니다.

다. "하나님, 나는 하나님 없이 잘 살 수 있다고 생각한, 하나님을 떠난 사람입니다. 이제 그것이 우상임을 깨달았습니다. 이제 내 삶의 질서와 가치를 바로잡습니다. 하나님께 내 삶을 온전히 드립니다." 우리에게도 이러한 고백이 필요합니다.

어떤 보석상에 강도가 들어왔습니다. 이 강도는 이상하게도 아무런 보석도 가져가지 않았습니다. 단지 강도가 한 일은, 보석 아래 적어 놓은 가격표를 바꿔 놓은 것이었습니다. 고가의 보석에는 가장 헐값의 가격표를 값싼 보석에는 고가의 가격표를 붙여 놓았습니다. 다음 날부터 보석상에는 대혼란이 일어났습니다. 주인이 알아차렸을 때는 모든 귀한 보석을 잃어버리고 난 후였습니다.

바로 이것이 사탄이 우리에게 한 일입니다. 우리의 삶에 들어와 가격표를 바꿔 놓았습니다. 무엇이 최상의 가치를 가졌는지, 무엇이 정말 하잘것없는지를 거짓으로 다 바꿔 놓은 것입니다. 우리는 회개함으로 그동안 인생을 걸 만하다며 좇아 온 가치가 아닌, 우리에게 진정 소중한 가치를 되찾아야 합니다. '하나님의 하나님 되심과 나의 피조물 됨'을 고백하며 나를 포기하시지 않는 하나님의 사랑의 가치를 다시 찾아야 합니다.

구원이 얼마나 놀라운 은혜입니까! 내가 얼마나 귀한 존재인지 다시 깨달아야 합니다. 그때 나에게 주어진 보잘것없다고 생각되는 일상이 사실은 하나님의 엄청난 축복임을 알게 됩니다.

회개에는 바르게 회복하는 하나님의 능력과 놀라운 섭리가 있습니다. 회개는 하나님과의 관계를 회복합니다. 하나님과의 관계가 회복된 주님의 자녀는 하나님으로부터 공급받을 수 있습니다. 하나님의 인도하심과 보호하심을 받을 수 있습니다. 하나님의 능력을 덧입을 수 있습니다.

오늘날 사회와 문화 구조를 객관화시켜 보면 '편안하게 살고 싶다'는 사상이 팽배하다는 것을 발견할 수 있습니다. 돈을 더 많이 벌고 싶고, 편안하게 살고 싶고, 유명해지고 싶어 합니다. 세상이 추구하는 가치를 하나님의 사람들도 따라가고 있습니다. 우리는 무엇이 하나님의 뜻인지를 분별할 줄 아는 지혜와 분별력을 가져야 합니다. 하나님이 기뻐하시는 것을 선택해 우리 인생을 리셋해야 됩니다. 사탄이 나도 모르는 사이에 내 삶에 들어와서 바꿔치기한 가격표를 원래대로 되돌려 놓아야 합니다.

이제, 내 손으로 트라우마를 처단하고
두려움에서 자유로워지세요

믿음과 회개의 완성은 순종입니다. 행동으로 나타날 때 증명되는 것이지요. 당시 이스라엘 백성은 미스바에 모여서 하나님 앞에 회개하고 제사를 드리고 있었습니다. 그런데 그때 블레셋 군대가 쳐들어 왔습니다. 적국 블레셋에 대한 트라우마가 있는 이스라엘 백성은 얼마나 두려웠을까요.

그러나 하나님의 말씀에 귀를 열고 마음을 연 그들은 이제 블레셋이라는 존재가 아니라 그들과 함께하신 하나님의 음성에 귀를 기울였습니다. 하나님의 보호하심과 인도하심을 바라보았습니다. 이후 성경을 보면, 하나님이 적을 물리치셨고, 이스라엘 백성이 벧갈까지 가서 블레셋 군대를 섬멸했다는 기록을 볼 수 있습니다.

이 대목에서 질문이 생깁니다. '하나님은 전능하신데 왜 스스로 멸절하시지 않고 백성들에게 직접 칼을 쥐어 주신 것일까?' 하나님은 그들이 두려움을 극복하기를 원하셨습니다. 우리를 꼼짝 못하게 하는 트라우마를 극복하게 되면 그다음에는 못할 일이 없습니다. 두려움은 우리가 갖고 있는 가능성을 다 얼어붙게 만들고 우리의 믿음이 전진하지 못하도록 붙잡습니다. 하나님은 우리를 묶어 놓는 두려운 대상을 우리가 직접 극복해 내기를 원하십니다.

그리고 하나님은 이를 통해 우리를 시험(test)하십니다. 하나님의 말씀에 진짜 순종하는지, 믿음이 진짜인지를 알아보시려는 것이지요. 유혹(temptation)과 시험(test)은 다릅니다. 유혹은 사탄이 우리를 파멸로 몰아넣기 위한 목적이라면, 시험은 합격시키기 위해서 하나님이 우리를 훈련하시는 도구입니다. 하나님은 우리에게서 믿음을 보기 원하십니다.

하나님을 믿고, 믿음에서 그치지 않고 순종하면 막혔던 문제들이 풀어집니다. 죽을 것 같았던 자리에서 회복됩니다. 헤어 나올 수 없는 깊은 수렁과 늪 한가운데서 하나님이 우리를 반석 위에 세워 주십니다. 우리가 살아 있는 신앙을 체험하고 내 삶 속에 계신 하나님을 만날 때 우리도 이스라엘처럼 '에벤에셀'의 돌을 세울 수 있습니다.

내 삶이
무의미해 보인다면

인생의 조각들을
하나하나
맞춰 보세요

1972년 10월 13일, 우루과이 럭비 선수 팀이 칠레 선수들과 친선 경기를 하기 위해서 비행기를 타고 가다가 악천후로 인해 안데스 산맥에 추락했습니다. 45명의 탑승객 중에서 추락 도중에 이미 12명이 사망했습니다. 4,000m 상공에서는 산소가 희박합니다. 그리고 평균 영하 34도의 추위가 몰아칩니다. 그들에게 남아 있는 양식은 없었습니다. 다행히 비행기 내부에 부착된 작은 라디오에서 구출 작업이 시작되었다는 이야기가 들렸습니다. 하지만 그들 근처에는 헬기 하나 뜨지 않았고, 얼마 지난 후 구출을 포기했다는 소식이 들렸습니다.

그들은 절망했습니다. 자고 나면 한 사람이 죽었습니다. 산소와 물 부족, 추위, 배고픔이 찾아오고 두려움이 엄습하면서 살아갈 용기가 사라졌습니다. 그때 로베르토 카네사라는 사람이 살 방법을 처음으로 제안했습니다. "우리에게 남은 것은 빵 몇 조각, 초콜릿과 포도주 몇 병입니다. 우리가 살아남을 수 있는 방법은 동료들의 시신을 먹는 것밖에 없습니다."

이내 찬반양론으로 나누어졌습니다. 반대하는 사람은 죽어 갔습니다. 17명이 죽었고 불과 16명만 남았습니다. 그들은 살 조각에 초콜릿을 얹어 먹는 방식으로 양식을 확보하고, 구조대를 결성해 마을로 내려보냈습니다. 구조대는 무려 10일간 방황하다가 말 탄 원주민을 발견했습니다. 마침내 16명이 72일간 생존 후 구출되었습니다.

그런데 살아남은 기적을 이야기하는 과정에 사람의 시신을 먹었다는 사실이 알려지면서 로베르토 카네사는 굉장한 곤경에 처했습니다. 양심의 가책과 주변의 비난, 로마 교황청에서의 문제 제기 등 여러 가지 검토가 이루어지면서 고통이 가중되었습니다.

그러나 결과적으로, 로마 교황청에서 이 일은 불가피했다고 판결함으로써 그는 자유로워졌습니다. 그리고 그 후 그의 마음속에 고민이 찾아왔습니다. '이제 나는 어떻게 살아야 할 것인가?'

그로부터 40년 뒤, 로베르토 카네사는 세계적인 소아 심장 내과의가 되어 이렇게 이야기했습니다. "당시 사건은 나로 하여금 생명이 얼마나 소중한가를 알려 주었습니다. 그 일로 생명을 살리는 일에 삶을 헌신해야겠다는 결심을 하게 되었습니다."

우리는 성찬식 때 예수님의 살과 피를 먹습니다. 우리는 그 의미를 잘 알지 못합니다. 그러나 로베르토 카네사는 알았습니다. 동료들의 시신을 먹어야만 자신이 살 수 있다는 것을요. 마찬가지로 사도 바울은 예수님의 살과 피를 먹지 않고는 살아갈 수 없는 자기를 발견했습니다. 예수님의 살과 피를 먹지 않고는 죽을 수밖에 없는 자라는 사실을 그는 알았던 것입니다.

내 몸에 새겨진
예수의 흔적을 찾아보세요

바울은 예수를 믿은 후 예수를 전하는 삶을 살면서 겪은 일에 대해 이렇게 설명했습니다. "내가 수고를 넘치도록 하고 옥에 갇히기도 더 많이 하고 매도 수없이 맞고 여러 번 죽을 뻔하였으니 유대인들에게 사십에서 하나 감한 매를 다섯 번 맞았으며 세 번 태장으로 맞고 한 번 돌로 맞고 세 번 파선하고 일주야를 깊은 바다에서 지냈으며 여러 번 여행하면서 강의 위험과 강도의 위험과 동족의 위험과 이방인의 위험과 시내의 위험과 광야의 위험과 바다의 위험과 거짓 형제 중의 위험을 당하고 또 수고하며 애쓰고 여러 번 자지 못하고 주리며 목마르고 여러 번 굶고 춥고 헐벗었노라"(고후 11:23-27). 우리는 이 중에 단 하나만 당해도 당장 그만두겠다고 두 손, 두 발 다 들 것입니다.

바울은 자신이 그러한 삶을 사는 이유에 대해 "그가 우리를 흑암의 권세에서 건져 내사 그의 사랑의 아들의 나라로 옮기셨으니 그 아들 안에서 우리가 속량 곧 죄 사함을 얻었도다"(골 1:13-14)라고 말했습니다. 바울은 썩어서 없어질 생명뿐 아니라 영원한 생명을 예수 그리스도께로부터 받았습니다. 그런 바울의 몸에는 "예수의 흔적"(갈 6:17)이 있었고, 구원받고 새 생명을 얻었다는 분명한 증거가 있었습니다. 그 증거 때문에 세상에 아무리 좋은 길이 있다 할지라도 자신은 그리스도를 증거하지 않을 수 없다고 고백했습니다.

우리도 예수 그리스도의 보혈로 속죄받아 구원을 얻었습니다. 하나님의 은혜를 얻은 자들입니다. 그러나 과연 그리스도의 살과 피를 먹는 것의 의미를 올바로 알고 있나요? 생명의 소중함을 깨닫고 자기 생명을 다른 사람을 살리는 일에 헌신한 로베르토 카네사처럼요. 바울은 예수의 흔적이 자신으로 하여금 예수를 전하는 일에 부르고 있다고 응답했습니다.

오늘 우리는 우리가 살아가는 삶 속에서 그리스도의 일꾼으로 부르심을 받았습니다. 그 이유는 우리가 복음에 빚진 자이기 때문입니다. 그렇다면 주님을 알지 못하고 죽어 가는 영혼들에게 복음을 전하지 않으면 견딜 수 없는 마음이 우리에게 있나요?

기억하세요. 우리 모두는 복음에 빚진 자입니다. 선교사들로부터, 그리고 어려운 시대를 믿음으로 살아온 부모님들로부터, 우리에게 복음을 전해 준 바로 그 사람으로부터 복음의 빚을 졌습니다. 더 나아가 궁극적으로 우리를 구속해 주신 예수 그리스도께 우리는 복음의 빚진 자입니다. 우리에게 생명의 길이요, 참된 소망이 된 복음에 빚을 진 우리가 해야 할 가장 소중한 선택이 있다면 무엇일까요? 복된 예수 그리스도를 증거하는 것입니다.

가장 의미 있는 일은
'나를 살리신 주님을 드러내는 것'

바울이 그리스도의 일꾼 된 삶을 살았던 또 하나의 이유는 생명을 살리는 일이 가장 소중하고 의미 있는 일이라는 사실을 깨달았기 때문입니다. 사람들 각자에게는 보람 있는 일이 있습니다. 그러나 바울은 "삶의 현장에서 나로 인해 누군가가 예수를 알게 되고, 예수의 사람으로 세워져 가고, 참 소망을 붙드는 일이야말로 내가 할 수 있는 가장 가치 있는 일이다"라고 이야기한 것입니다.

작은 시골 교회를 목회하고 있는 한 목사님의 이야기입니다. 어느 날 5학년인 딸이 과제를 받았습니다. "자기 이름을 포함해서 함께 여행 가고 싶은 사람의 이름을 적어 보세요. 모두 10명이에요." 그러자 딸은 별로 고민하지 않고 평소 친하게 지내는 고모네 가족들과 자기 가족들의 이름을 쭉 썼습니다. 쓰기를 마치자 선생님이 질문했습니다. "모두 물에 빠졌다고 생각해 보세요. 그 중에서 딱 한 명만 구조해야 한다면 누구를 구조하겠어요?"

한 명씩 이름을 지워 나갔습니다. 어쩔 수 없이 고모네 가족들을 먼저 포기하고, 자기 가족 5명이 남았습니다. 그중에서 가장 먼저 포기한 사람은 자기 자신이었습니다. 나중에 이유를 물었더니, 기특하게도 "가족들을 어떻게 포기해요. 차라리 제가 죽을래요" 하더랍니다. 그다음에 포기한 사람은 수영을 잘하는 엄마였습니다. 그 후 남동생, 여동생을 차례로 포기하고, 마지막으로 아빠를 살렸습니다. 아빠가 신기해하자 딸이 이렇게 대답했다고 하네요. "아빠는 하나님의 말씀을 전해야 하잖아요. 하나님의 말씀은 생명을 살리잖아요."

그때 목사님은 망치로 뒤통수를 맞은 것 같았습니다. 당시 시골의 조그만 교회를 목회하면서 많은 고민 끝에 탈진할 것 같은 상황이었습니다. '내가 여기서 하나님의 말씀을 전한다고 이분들이 복음을 알아들을 수 있을까?' 그런데 딸을 통해서 하나님의 음성을 들은 것입니다. "말씀을 전하는 일은 생명을 살리는 일이다. 이 일이 너의 삶에서 가장 소중하고 복된 일이다." 그 후 목사님은 새로운 마음가짐으로 새 출발을 했다고 합니다.

우리에게 정말 소중한 일이 무엇일까요? 우리가 할 수 있는 가장 가치 있는 일은 나를 살리신 주님을 드러내는 것입니다. 우리를 통해 힘든 사람이 힘을 얻고, 원망하고 불평하고 좌절하는 사람이 소망을 찾는다면, 그 일이야말로 가장 소중한 일이 아닐까요?

우리가 하는 일은 결코 헛되지 않습니다. 가정을 돌보는 일, 직장에 다니는 일 등 우리가 매일같이 하는 일이 지루하고 힘들게 느껴진다면 그것은 의미를 상실했기 때문입니다. 그 의미는 주님 앞에 있습니다. '내가 먹든지 마시든지 주님을 위하여 감당하리라. 그리고 나는 하나님이 살아 계시다는 것과 하나님은 그분을 찾는 자에게 복을 주시는 분이라는 사실을 증거하리라. 이보다 더 소중한 삶은 없다.' 이 확신이 삶 속에 있기를 바랍니다.

주 안에서
의미 없는 인생의 조각은 없습니다

바울은 하나님이 자기를 복음의 일꾼으로 부르셨다는 사실을 확신했습니다. "내가 교회의 일꾼 된 것은 하나님이 너희를 위하여 내게 주신 직분을 따라 하나님의 말씀을 이루려 함이니라 … 우리가 그를 전파하여 각 사람을 권하고 모든 지혜로 각 사람을 가르침은 각 사람을 그리스도 안에서 완전한 자로 세우려 함이니"(골 1:25, 28).

하나님이 바울을 하나님의 종으로 세우기 위해서 어떤 일을 하셨습니까? 스데반 집사의 순교 현장에 바울을 증인으로 참여시키셨습니다. 돌에 맞아 죽어 가는 스데반의 얼굴이 해같이 빛나는 모습을 보면서 그는 큰 충격을 받았습니다. 또한 주님은 다메섹에서 바울과의 만남을 예비하셨습니다. 아나니아 선지자를 통해 맹인이 되었던 바울의 눈에 비늘 같은 것을 벗겨 주심으로 다시 눈 뜨게 해 주셨습니다.

바울에게 초대교회 지도자들과의 만남을 허락하심으로 하나님의 살아 계심을 체험하게 하셨을 뿐 아니라, 바나바를 예비해 초대교회를 소개하는 일을 하게 하셨습니다. 바울은 또 고독과 외로움의 장소, 아라비아 광야에서 3년이나 살았습니다. 자기 고향에서 10년간 아무에게도 알려지지 않은 존재로 살아갔습니다.

그 후 하나님은 바나바를 보내셔서 바울을 안디옥 교회의 지도자로 세우셨고, 초대교회를 세우는 하나님의 위대한 종이 되게 하셨습니다. 바울은 그 부르심 앞에서 '오늘 이 감옥에서도 하나님이 나를 부르셨다'는 확신을 가지고 살아갈 수 있었습니다. 바울은 살아오면서 겪은 수많은 일이 어느 순간 퍼즐처럼 맞춰지면서 하나님이 자신을 일꾼으로 부르셨음을 확신할 수 있었습니다. 우리가 알지 못하는 순간에도 하나님은 하나님의 퍼즐을 맞춰 가십니다.

제 삶을 돌아보았습니다. '지난날부터 지금까지 겪었던 수많은 일 속에 하나님의 퍼즐은 무엇이었을까?' 만약 어려움과 갈등, 이유 없는 고통이 없었다면 지금 이만큼이라도 목회를 할 수 있었을지, 하나님의 부르심에 순종할 수 있었을지 자신이 없었습니다. 조각났던 기억들이 하나로 맞춰지면서 제 삶이 정리되었습니다. '우리에게 하나님이 주시는 이유 없는 고통은 없다. 하나님은 하나님의 계획 속에서 내 인생을 인도해 가신다. 그리고 아들을 주셨을 정도로 나를 사랑하신다. 내 삶을 끝까지 붙드신다.'

이것이 바울의 고백 아닐까요? 바울도 감옥에서 자기 인생을 돌아보며 편지를 적으면서 함께하신 주님, 세상의 어떤 것으로도 끊을 수 없는 하나님의 사랑, 나를 포기하지 않고 붙드신 하나님을 떠올리지 않았을까요? 아무 의미 없는 작은 퍼즐 조각 같은 삶의 경험들이지만, 알고 보면 하나하나 맞춰지면서 하나님의 큰 계획에 아름답게 쓰임 받은 것입니다.

오늘도 내 삶이 남들이 볼 때는 의미 없고, 내가 볼 때도 의미 없을지 모릅니다. 하지만 "내 속에서 능력으로 역사하시는 이의 역사를 따라 힘을 다하여 수고하노라"(골 1:29)라는 바울의 고백

우리를 통해 힘든 사람이 힘을 얻고,
원망하고 불평하고 좌절하는 사람이
소망을 찾는다면,
그 일이야말로
가장 소중한 일이 아닐까요?

을 우리도 합시다. 우리의 남은 생애, 나를 부르신 주님, 새 생명을 주신 주님을 위해 가장 가치 있는 일을 합시다. 그러면 바울이 걸어갔던 길, 하나님의 생명의 복음을 전하는 일, 그리고 이 땅에서 하나님의 사람으로 살아가는 일을 우리 역시 결코 포기하지 않고 해 낼 수 있을 것입니다.

GOD'S MAN

CH   CE

8

사도행전 1:6-11

하나님 나라가
저 멀리 있다고 생각된다면

삶의 현장을
하나님 나라로
만드세요

레슬리 뉴비긴은 1936년 인도로 파송되어 무려 38년간 선교 사역을 하고 고국인 영국으로 돌아왔습니다. 그런 데 돌아온 땅 영국의 현실은 그에게 엄청난 충격으로 다가왔습니다. 왜냐하면 당시 영국은 선교지 인도보다 더 세속적으로 타락해 무너져 가고 있었기 때문입니다. 그는 인도보다 영국이 선교가 더 절실하다는 사실을 발견했습니다.

이후 선교학회에서는 그가 던진 문제점을 놓고 연구하기 시작했습니다. 이로써 나온 개념이 '선교적 교회'입니다. 선교적 교회는 예수 믿지 않는 지역에 선교사를 파송하고 교회를 세우는 등

전통적인 선교 방법과 다릅니다.

선교적 교회는 쉽게 이야기하면, 예수를 믿지 않는 제3세계나 오지도 선교지역에 해당되지만 더 중요한 선교지는 우리 삶의 현장이라는 뜻입니다. 우리가 살아가는 삶, 내가 보내심을 받은 내 마음, 내 가정, 내가 다니는 학교, 교회, 지역, 직장, 나라, 민족 등 모든 곳이 하나님의 거룩한 나라가 이루어져야 하는 선교의 대상인 것입니다.

여기서 '하나님 나라'란 통치의 개념입니다. 하나님이 통치하시는 나라, 의와 희락과 화평이 나타나는 나라입니다. 이를 위해서는 내 삶의 현장을 하나님이 통치하시는 나라로 만들도록 나를 그곳에 파송하셨다는 선교사적 영성을 가지고 살아가야 합니다.

그런 의미에서 사도행전 1장 6-11절에서 주님이 하신 말씀은 선교사적 영성을 가지고 이 땅을 살아가는 그리스도인들에게 무엇을, 어떻게 해야 할지를 생각해 볼 수 있도록 도전합니다.

수많은 관심사를 뒤로하고
복음의 증인이 되세요

예수님이 이 땅에 계시면서 가장 마지막으로 하신 말씀은 "내 증인이 되리라"(행 1:8)입니다. 이 말씀은 수동태 명령문이자 미래형 명령문이기도 합니다. 즉 "내가 너를 구속했다. 네가 나의 사랑을 안다면 너의 인생의 최우선순위는 내 증인이 되는 것이다"라는 의미입니다.

왜 예수님의 증인으로 사는 것이 인생의 가장 우선순위가 되어야 할까요? 하나님이 통치하실 때 우리 인생의 가장 근본적인 문제가 해결되기 때문입니다. 하나님이 내 마음을 통치하시지 않으면 내 속에 도사리고 있는 욕망과 상처가 나를 움직입니다. 그러나 하나님이 통치하시면 내 마음에 의와 희락과 화평이 임합니다.

가정도 마찬가지입니다. 주님이 우리를 우리 가정에 파송하신 이유는 주님의 통치가 이루어지는 곳으로 만들라는 뜻에서입니다. 그래야만 주님의 통치가 이루어지는 의와 희락과 화평의 나라, 가정의 본래 모습을 회복할 수 있습니다. 교회나 사회도 그렇습니다. 그래서 주님이 삶의 우선순위가 될 때 우리가 진정 꿈꾸고 원했던 아름다운 삶이 이루어진다고 예수님은 말씀하신 것입니다.

그렇다면 증인으로 사는 삶이란 구체적으로 무엇일까요? 증인으로 사는 삶은 가장 먼저 입술로 복음을 증거하는 삶입니다. 나의 죄를 위해 예수님이 죽으셨습니다. 하나님이 나를 사랑하사 독생자를 보내셔서 내 죄의 저주를 깨끗이 씻어 주셨고, 나를 자녀 삼으셨고, 자녀의 특권을 누리게 하셨습니다. 바로 그 하나님이 내 삶의 주인이십니다. 이 고백이 우리 마음속에서 드려질 때 입술로도 증거할 수 있게 됩니다.

또한 증인으로 사는 삶은 우리의 삶과 행동으로 보여 주는 것입니다. 세상과 다르게 살아야 합니다. 안디옥 사람들이 예수 믿는 사람들을 보고 '그리스도인'이라는 이름을 처음으로 붙여 주었듯이, 다른 사람이 우리의 삶과 행동을 보면서 '저 사람을 보면 정말 예수님이 구세주요 주님이신 것 같아' 하며 깨닫게 되어야 합니다. 내가 하나님의 자녀요, 하나님의 사랑과 은혜를 받은 사람임을 증거하는 삶을 내 생활 속에서 구체적으로 나타내야 합니다.

증인으로 사는 삶은 한 가지 더, 죽음으로 생명으로 증거하는 삶입니다. 여기서 '증인'은 헬라어로 '마르투리아'인데, '순교자'라는 단어와 거의 동일합니다. 초대교회 시대에 제자들은 예수님이 십자가에서 죽으시고 부활하신 광경을 목격했습니다. 부활하신 주님과 함께 생활했고, 그분이 승천하면서 주신 재림에 관한 분명한 말씀도 받았습니다. 따라서 그들은 세상 속에서 그 말씀이 진리라고 증거하는 삶을 살았습니다. 그리고 모두 순교했습니다.

우리에게는 정치, 경제, 사회 등 여러 관심사가 있습니다. 예수님의 제자들처럼요. "주께서 이스라엘 나라를 회복하심이 이때니이까"(행 1:6). 그러나 주님은 그것은 "너희가 알 바 아니요"(행 1:7)라고 말씀하시면서, 오늘 너희가 살아야 하는 삶이 있다면 그것은 오직 하나님의 하나님 되심을 증거하는 증인의 삶이라고 하셨습니다. 그때야 비로소 우리가 진정 꿈꾸는 세상이 될 것이라는 의미이지요.

때를 얻든지 못 얻든지
복음을 증거하세요

세상에는 한 번 하고 그만하는 일들이 있습니다. 기간을 정해 놓고 그만해야 하는 일들도 있습니다. 그러나 복음을 증거하는 일은 시간의 제약이 없습니다. 때를 얻든지 못 얻든지, 어느 상황이든지 하나님이 예수 그리스도를 보내 우리의 죄를 사하시고 자녀 삼아 주셨다는 복음을 증거하는 삶은 계속되어야 한다고 주님은 말씀하셨습니다.

지속적으로 하나님이 나의 구주 되심을 증거하는 사람의 삶에서부터 세상은 변화됩니다. 율법주의자 바울이 언제 변화되기 시작했습니까? 스데반 집사가 돌에 맞아 죽으면서도 천국의 참소망을 바라보고 하나님의 하나님 되심, 예수의 구세주 되심을 믿는 믿음의 고백을 드릴 때 그의 굳어 버린 마음에 균열이 가기 시작했다고 학자들은 이야기합니다.

바울은 빌립보서 3장 12-14절에서 "내가 이미 얻었다 함도 아니요 온전히 이루었다 함도 아니라 오직 내가 그리스도 예수께 잡힌 바 된 그것을 잡으려고 달려가노라 형제들아 나는 아직 내가 잡은 줄로 여기지 아니하고 오직 한 일 즉 뒤에 있는 것은 잊어버리고 앞에 있는 것을 잡으려고 푯대를 향하여 그리스도 예수 안에서 하나님이 위에서 부르신 부름의 상을 위하여 달려가노라"라고 고백했습니다.

바울은 비록 고난과 시련에 처했다 할지라도 하나님의 하나님 되심을 드러내는 증인으로서의 삶을 일평생 사는 것을 자기 삶의 목표로 삼았습니다. 하나님은 세상을 새롭게 하는 하나님의 역사의 놀라운 도구로 그러한 바울을 사용하셨습니다.

북한에 오랜 기간 억류되어 있었던 케네스 배 선교사님은 몸무게가 27kg이 줄고 생사를 오가는 건강의 위협을 당했습니다. 하나님께 구출해 달라고 간절히 기도했고, 밤마다 특수부대가 와서 일어나라고, 같이 가자고 하는 꿈만 꿨습니다. 하나님을 원망하기도 했습니다.

그러던 어느 날 하나님 앞에서 기도하면서 자신이 선교사로서 보내심을 받은 사람이라는 사명 의식을 깨닫게 되었습니다. '나는 북한에 보내 달라고 기도하지 않았던가? 그런데 지금 있는 자리가 바로 북한 아닌가? 그렇다면 여기는 내가 하나님의 사람다움을 이들에게 증거할 수 있는 기회가 아닌가?' 그때부터 삶이 달라지기 시작했습니다.

나중에 그를 감시하는 사람들이 물었습니다. "배 선생이 믿는 그 예수는 조선에 있소, 중국에 있소?" 그리고 그가 마침내 석방 되던 날에는 "배 선생은 좀 더 오래 우리와 함께 머물렀으면 좋 았을 텐데 섭섭하오"라고 했고, 또 한 마디 했습니다. "우리는 기 분 나쁘오. 진짜 행복한 사람은 우리고 당신은 불행해야 되는데 어떻게 우리보다 당신이 더 행복할 수 있소." 그들의 마음속에 예수가 심기기 시작했던 것입니다.

주님은 복음을 증거하는 증인의 삶을 사는 데는 때가 있는 것 이 아니며, 언제든지 지속적으로 그 일을 감당해야 한다고 말씀 하셨습니다.

공간의 벽을 넘어
복음을 온 세상에 전하세요

주님은 복음을 증거할 때 우리가 가장 넘기 어려운 벽이 '내 마음 의 벽'이라는 것을 알고 계셨습니다. 그래서 "오직 성령이 너희에 게 임하시면 너희가 권능을 받고"(행 1:8)라고 말씀하셨지요. 여

성령의 능력을 받으면
자기 생각의 한계를 뛰어넘기 시작합니다.
내가 살아왔던 삶의 범위를 넘어서게 됩니다.
복음을 전하라는 예수님의 말씀에 순종하게 됩니다.

기서 '권능'이란 어떤 권능을 의미할까요? 귀신을 내쫓거나 병자를 낫게 하는 권능이 아닙니다. 우리의 권능 중에 가장 큰 권능은 '나를 넘어서는 권능'입니다.

성령의 능력을 받으면 자기 생각의 한계를 뛰어넘기 시작합니다. 내가 살아왔던 삶의 범위를 넘어서게 됩니다. 내 마음을 넘어서면 내 주변에서부터 시작해 나와 상관없다고 여겨지는 곳까지 복음을 전하라는 예수님의 말씀에 순종하게 됩니다.

엘리자베스 쉐핑(서서평)이라는 여인은 독일 태생으로 한국에 와서 복음을 전한 선교사입니다. 그녀는 미혼모에게서 태어났습니다. 아버지가 누구인지 모르는 데다 어머니는 일찍 미국으로 떠났습니다. 외할머니 손에서 자라면서 우울하고 외로운 청소년기를 보냈습니다. 그러다가 어머니를 찾아 미국으로 건너갔고, 간호학을 공부했습니다. 그러나 여전히 그녀의 마음속에는 지워지지 않는 삶의 그림자가 있었습니다.

그러던 1901년 뉴욕시립병원에 근무할 때 한 친구에게 복음을 전해 들었습니다. "하나님은 너를 사랑하시기 위해서 독생자 예수 그리스도를 십자가에 못 박아 죽이기까지 하셨고, 지금도 너를 사랑하신다"라는, 한 번도 들어 보지 못했던 하나님의 사랑 앞에 그녀는 가슴이 뛰기 시작했습니다. 그러면서 이 세상의 끝, 가장 어두운 곳에서 하나님의 사랑을 실천하기로 마음을 먹었습니다.

1912년 엘리자베스 쉐핑은 한일합방으로 가장 암울했던 때, 어쩌면 땅 끝이라고 여겨졌던 어둠의 땅, 미지의 조선 땅에 도착했습니다. 광주 지역을 중심으로 선교를 시작했습니다. 그녀는 32세 처녀의 몸으로 한국에 왔다가 22년을 사역하고 54세에 세상을 떠났는데, 사망 요인이 영양실조였습니다. 영양실조가 된 이유에 대해 그녀 스스로가 밝힌 이유는 이렇습니다. "내일 나 먹기 위해 오늘 굶은 사람을 그대로 못 본 척할 수 없으며 옷장에 옷을 넣어 놓고 당장 추위에 떠는 사람을 나는 볼 수 없었습니다."

그녀는 대한간호협회의 전신인 조선간호부회를 창설했습니다. 그리고 한일장신대학교의 전신인 이일학교를 세웠고, 특히 여성 교육에 앞장섰습니다. 여성들에게 이름을 지어 주며 여성의 인권과 삶에 눈을 뜨게 해 주었습니다. 게다가 한센병 환자 중에 14명의 고아를 양자로 입양했습니다. 그녀의 삶은 최흥종 목사님과 손양원 목사님에게 깊은 영향을 주었고, 일평생 한센병 환자를 위해서 살 수 있는 삶의 계기를 만들어 주었습니다. 제중병원을 중심으로 어려운 한국 땅에 하나님의 사랑을 증거하는 삶을 살았습니다.

그녀가 세상을 떠날 때 남긴 것은 돈 7전, 옥수수 가루 2홉, 그리고 반쪽짜리 담요밖에는 없었습니다. 장례식 날 광주에는 수많은 한센병 환자, 고아들, 걸인들이 따라오면서 "어머니, 어머니"하며 울부짖었다고 합니다. 그뿐 아닙니다. 그녀는 자기의 장기까지도 기증했습니다. 자기의 삶을 아낌없이 드렸던 것입니다.

주님은 이 시대에 우리를 부르셨습니다. 이제 남은 삶을 어떻게 살겠습니까? 그냥 다가오는 문제들을 해결하다가, 하고 싶은 일을 하다가 끝내겠습니까? 나에게 새 생명과 소망을 주신 주님을 증거하는 증인으로 살아갑시다. 우리 삶의 현장을 의와 희락과 화평이 이루어지는 하나님 나라로 만들어 가는 거룩한 행진에 참여합시다. 함께 믿음으로 걸어갑시다.

PART 2

하나님의
교회답게
살기 위한 선택

GOD'S MAN

CH   CE

9

에스라 3:1-7

밑바닥이지만
다시 희망을 꿈꾸고 싶다면

울면서라도
희망의 씨앗을
뿌리세요

가정과 교회와 학교가 무너져 내리고 있습니다. 나라의 경제도 흔들리고 있습니다. 우리가 할 수 있는 일은 어쩌면 아무것도 없을지 모릅니다. 그러나 우리가 단지 이 세상에 왔다가 가는 인생이 아니라, 하나님 앞에서 복된 인생을 살기 원한다면 우리가 속한 공동체를 위해 기도해야 합니다. 그것이 우리의 사명이 되어야 합니다.

역사의 주인이신 하나님이 우리와 함께하시는데, 그런 소원도 없이 오늘을 살아갈 수는 없지 않습니까? 지금은 하나님께 소원을 품고 울면서 기도의 씨앗, 복음의 씨앗, 섬김의 씨앗을 뿌릴

때입니다. 그때 우리는 참 소망을 품고 빛나는 눈빛을 갖게 될 것입니다. 하루하루 먹고살기 바빠 허덕이며 사는 인생이 아니라 우리의 복된 미래를 바라보며, 참된 소망의 공동체를 꿈꾸며 하나님의 거룩한 나라를 위해 사는 그리스도인이 되어야 합니다.

이스라엘 백성은 70년간 바벨론에서 포로 생활을 하다가 고국 땅 예루살렘으로 향했습니다. 하지만 폐허 같은 땅에는 오직 두려움과 불안, 그들이 치러야 할 대가만이 기다리고 있었습니다. 그때 이스라엘 백성이 한 일이 무엇입니까? 그들은 노래했습니다. "눈물을 흘리며 씨를 뿌리는 자는 기쁨으로 거두리로다 울며 씨를 뿌리러 나가는 자는 반드시 기쁨으로 그 곡식 단을 가지고 돌아오리로다"(시 126:5-6). 지금 울면서라도 일하지 않으면 민족의 미래가 없기에, 역경을 딛고 소망의 노래를 부른 것입니다.

이처럼 그들은 폐허가 된 땅에서 새롭게 시작했고, 소망하는 대로 새 나라가 세워졌습니다. 그들은 어떻게 폐허에서 새 나라를 세울 수 있었을까요?

회복의 순서를 알고 있나요?

가장 먼저 하나님과의 관계를 회복하세요

살다 보면 고통 속에서 삶이 무너질 때가 많습니다. 꿈이 깨지고, 삶이 의미가 사라질 때 어디서부터 시작해야 할지 막막합니다.

이스라엘 백성은 막막한 현실 앞에서 가장 먼저 하나님과의 관계를 회복하는 데 집중했습니다. 그들은 자신들이 왜 예루살렘에서 쫓겨났으며, 왜 하나님께로부터 징계를 받아 바벨론의 포로가 되었는지에 대해 분명한 역사 인식을 가지고 있었습니다. 한마디로, 망한 이유를 알았던 것이지요. 그 까닭은 하나님과의 관계 단절이었습니다. 하나님의 말씀을 따르지 않고 자기 소견에 옳은 대로 행동했습니다. 따라서 회복하기 위해 그들은 최우선적으로 하나님과의 관계를 회복하기를 선택했습니다.

그들이 하나님의 말씀에 순종하기 위해서 취한 일이 무엇입니까? 모세의 율법에 기록된 곳에 제단 터를 닦고 제사, 즉 예배를 드린 것입니다(스 3:2). 그들은 제사를 지내면서 하나님과 교제하며 새 힘을 공급받아 사는 삶이야말로 자기 인생은 물론 공동체가 가장 먼저 회복해야 할 일이라는 점에 공감했습니다.

여기서 한 가지 중요한 사실을 발견하게 됩니다. 이스라엘 백성은 자기 소견에 옳은 장소에 제단 터를 닦지 않았습니다. '모세의 율법에 기록한 대로', 철저하게 하나님이 지정하신 터를 선택했습니다. 하나님의 말씀에 순종하기 위해서였습니다.

이스라엘의 앞선 역사를 살펴보면, 하나님은 이스라엘 백성에게 제사드릴 터를 지정해 주셨습니다. 이 터는 솔로몬이 성전을 건축한 터요, 오르난의 타작마당에 다윗이 정한 곳이었습니다(대하 3:1). 사실은 다윗이 정한 곳이 아니라, 하나님이 다윗에게 명하셔서 다윗이 금을 주고 산 땅이지요(대상 21장).

이스라엘 백성은 망한 원인이 하나님의 말씀에 불순종했기 때문임을 분명히 알았고, 동시에 회복하는 방법이 하나님의 말씀에 순종하는 것임을 정확하게 알았습니다. 그래서 그 터에 제단을 세운 것입니다. 바울은 이 사실을 깨닫지 못한 고린도 성도들에게 보내는 편지에서 이렇게 설명했습니다. "이 닦아 둔 것 외에 능히 다른 터를 닦아 둘 자가 없으니 이 터는 곧 예수 그리스도라"(고전 3:11). 신약에 와서는 그 터가 바로 예수 그리스도이신 것입니다.

이 사실을 우리의 삶에 적용해 보면 이렇습니다. 회복을 위해서 가장 먼저 선택해야 하는 일은 그리스도와의 관계 회복입니다. 주님이 나의 구세주요, 주님이심을 믿는다면 나의 생사화복 역시 그분께 달려 있다는 사실을 믿게 되는 것이지요. 모든 부분에서 회복의 시작은 문제 자체에 있는 것이 아닙니다. 하나님과의 관계에 있습니다. 하나님의 말씀에 순종하는 것에 우리의 승패가 달려 있습니다. 이 사실을 깨달은 사람은 얼마나 복된 사람인가요!

폐허 같은 내 삶의 현장을 회복하고 싶나요? 먼저 하나님과의 관계를 회복하세요. 반석이신, 터가 되신 그리스도 위에 서는 것이야말로 최우선순위입니다. 그때 우리가 그토록 원하는 회복이 시작됩니다.

혼자는 다시 넘어지기 쉬워요
다 같이 힘을 합해 일어서요

하나님과의 관계를 재정립한 이스라엘 백성은 믿음의 공동체가 참으로 중요하다는 사실을 깨달았습니다. 따라서 믿음의 공동체를 회복하기로 선택했습니다.

이스라엘 백성이 귀환한 즉시 예루살렘에 모여 산 것은 아니었습니다. 각자 고향에서 자기 삶의 터를 일구다가 3개월쯤 지나 7월에 일제히 모여서 예배를 드렸습니다. 그들은 예배를 드릴 때 아침저녁으로 드리는 상번제를 드렸습니다(스 3:1, 3). 예배가 그들의 삶에서 떠날 수가 없었습니다.

이스라엘 백성은 '일제히' 모였습니다. 그들이 모인 이유는 하나님께 예배드리기 위해서만은 아니었습니다. 어원의 의미를 살펴보면, '일체성', '공감', '한마음' 등을 강조하고 있습니다. '하나 되어서 함께 모여서 살아야겠다'는 데 공감했다는 뜻입니다.

이를 이해하기 위해서는 이스라엘 백성이 진짜 무서워했던 것이 무엇인지를 알아야 합니다. 그들에게는 하나님만을 예배하는 주님의 백성을 중심으로 새롭게 나라가 세워져야 된다는 꿈이 있었습니다. 하지만 돌아온 고국 땅의 현실을 보니 어떻습니까? 원주민들 중에는 이방인과 혼합되어 살아가는 사람들도 있었습니다. 그로 인한 대가가 얼마나 혹독한지를, 그들은 이미 70년간 체험했습니다. 귀환자들의 눈에 원주민들의 모습은 멸망당할 자들이었습니다. 따라서 가까이해선 안 된다고 생각했습니다.

그러나 문제가 있었습니다. 돌아온 고국 땅에는 귀환자들이 어떤 일이든 시작할 만한 기반이 전혀 없었습니다. 원주민들의 도움을 받지 않고는 정착할 수 없었습니다. 그러나 그러다 보면 이내 그들과 혼합되어서 진정한 하나님 나라를 세울 수 없다는 두려움이 또 그들을 짓눌렀습니다. 그들은 진정 두려워해야 하는 대상인 하나님을 두려워했던 것입니다. 그래서 선택한 것이 함께 모여 서로 격려하는 믿음의 공동체를 세우는 일이었습니다.

공동체의 격려가 없다면, 공동체에서 서로 하나님을 기억하고 예배하는 일이 없다면 죄인인 우리는 쉽게 세상을 따라가게 되어 있습니다. 자기의 필요와 욕심을 좇게 되며, 연약함을 반복할 수밖에 없습니다. 따라서 우리가 하나님의 사명자로 살아가기 위해서 꼭 필요한 것이 있다면 하나님의 자녀 됨을 서로에게 끊임없이 일깨워 주는 믿음의 공동체입니다.

윌리엄 윌버포스는 당시 영국 수입의 3분의 1을 차지한 노예무역을 폐지하자는 법안을 혼자서 제출한 후 수많은 죽음의 위협을 당했습니다. 이에 그는 노예폐지법 청원 기도 공동체인 '크레판'을 만들었고, 날마다 모여서 예배를 드리고 말씀을 묵상했습니다. 그리고 무려 56년이라는 세월이 지난 후 마침내 영국의 노예무역제도가 폐지되었습니다. 한 역사가의 말에 의하면, 만약 영국이 지속적으로 노예무역제도를 유지했다면 유럽 역사는 초토화되었을 것이라고 합니다.

사명이 있습니까? 단지 이 세상에 왔다가 썩어질 인생이 아니라 하나님 앞에서 복된 인생을 살기 원합니까? 그렇다면 끊임없이 믿음의 공동체로 모여서 예배드리며 말씀으로 격려를 받으세요. 우리에게는 믿음의 공동체의 붙들어 줌이 필요합니다.

○

지나온 날들에 감사하면
하나님이 일하기 시작하십니다

하나님이 주신 사명을 감당하기 위해서는 지금도, 지난날도 변함없이 함께하신 하나님에 대한 고백이 필요합니다. 그 고백 없이는 한 발자국도 내디딜 수 없는 어려운 길이지요. 이 사실을 이스라엘 백성도 알았기에 초막절을 지켰습니다(스 3:4-5).

초막절에 이스라엘 백성은 과거 조상들이 광야 생활을 할 때 하나님이 인도하신 일에 감사하는 제사를 드렸습니다. 매일 아침저녁으로 1년 된 양을 하나님께 드렸습니다. 자기 삶에서 가장 소중히 여기는 것을 매일 하나님께 올려 드리면서 "주님을 향한 마음, 변치 않겠습니다. 감사하는 마음, 잊지 않겠습니다. 내 삶의 고비마다 인도하신 하나님의 크신 은혜를 찬양합니다"라고 고백했던 것이지요.

시편 126편은 이스라엘 백성이 바벨론 포로에서 돌아와서 예루살렘에서 불렀던 노래입니다. 그들은 참혹한 현실 앞에서 이렇게 노래했습니다. "여호와께서 우리를 위하여 큰 일을 행하셨으니 우리는 기쁘도다(시 126:3)." 생각해 보면, 지금 '기쁨'이라는 단어가 어울리나요? 다시 시작할 수 없을 만큼 폐허가 된 그 땅을 바라보면서 어떻게 감사할 수 있다는 것입니까?

하지만 이스라엘 백성은 지난날을 기억하며 작은 것부터 큰 것까지 일일이 하나님께 감사했습니다. 그렇다면 그들에게 '큰 일'이란 과연 무엇일까요? 우리같이 가치 없고 희망 없는 자들에게 하나님이 다시 자비를 베풀어 해방시켜 주셨고, 하나님을 예배하게 하신 일 아닐까요? 분명히 건너지 못할 길이었는데, 돌아보면 어느새 그 길을 건너고 있는 우리의 모습을 본다면 하나님의 은혜라 고백하지 않을 수 있겠습니까?

그런데 흥미롭게도, 초막절 절기를 지키고 난 다음 하나님이 그들의 앞길을 열어 주셨습니다. "그때에 여호와의 성전 지대는 미처 놓지 못한지라"(스 3:6하). 하나님이 그들이 궁극적으로 회복되기를 원했던 일, 바로 성전 짓는 역사를 시작하게 하신 것입니다.

우리나라 역사에 영향을 끼친 한 분을 소개하고 싶습니다. 그는 1864년 평북 정주의 대대로 가난한 가정의 자녀로 태어났습니다. 태어난 지 8개월 만에 어머니가 돌아가셨습니다. 10세 때 할머니가 돌아가셨고, 2달 만에 아버지가 돌아가시는 바람에 졸지에 고아가 되었습니다. 이제 홀로 자기의 운명을 개척해야 했습니다. 그는 살기 위해 몸부림쳤습니다.

그러다가 정주에서 유명한 도자기상으로 이름을 떨쳤던 사람의 집에 잔심부름을 하는 사환으로 들어갔습니다. 주인은 열심히, 정직하게 일하는 그를 눈여겨보고 장사를 가르치기 시작했습니다. 그는 15세 때 결혼하면서 분가해 나가 자기 사업을 시작해 24세부터 본격적으로 사업하면서 거부가 되었습니다. 거부가 된 그가 한 일은 가난했던 가문의 한을 푸는 것이었는데, 돈으로 양반 신분을 샀습니다. 그 후 자기 삶에 만족하며 살았습니다.

1907년, 43세 되던 어느 날이었습니다. 평양에서 우연히 자기보다 14세나 어린 청년 도산 안창호의 연설을 듣게 되었습니다. 그 청년의 연설이 그의 가슴을 때렸습니다. "모든 사람이 양반이 되기 전까지 우리나라의 양반은 진정한 양반이 아닙니다." 그 후 마음속으로 '나는 나만을 위해서 사는 것이 아니라 우리 민족이 모두 양반이 되는 날까지, 그 일을 위해 살리라'고 결단했습니다.

재산을 다 팔아 가난한 사람들에게 나눠 주며 학교를 세웠고, 민족의 산업 육성을 위해서 애썼습니다. 그가 세운 학교가 바로 오산학교요, 남강 이승훈 장로님의 이야기입니다. 오산학교는 한경직 목사님이나 함석헌 선생님 같은 기독교의 고귀한 정신을 가지고 어두운 역사를 밝혔던 인물들을 많이 배출했습니다.

이승훈 장로님은 나중에는 민족 대표 33인 중 한 명으로서 옥고를 치렀는데, 옥중에서 끊임없이 성경을 읽으면서 사명을 기억했습니다. 그분은 재판관들의 질문에 이렇게 대답했다고 합니다. "나는 하나님을 믿는 것을 가장 큰 영광으로 생각한다. 내가 후진과 동포를 위해 한 일이 있다면 그것은 내가 한 것이 아니고 하나님이 나에게 시키신 것이다." 그가 미래를 위해 울며 뿌린 씨앗들이 우리나라의 귀중한 밑거름이 된 것입니다.

그렇다면 우리가 뿌려야 할 씨앗은 무엇입니까? 기도의 씨앗, 섬김의 씨앗, 복음의 씨앗 아닐까요? 신앙의 선배들이 이 씨앗들을 뿌렸기 때문에 오늘이라는 미래가 있는 것처럼, 우리가 오늘만 바라보고 오늘만 살아간다면 우리에게 미래는 없습니다. 울며 씨를 뿌리는 자는 기쁨으로 단을 거둡니다. 그 사실을 믿고 황폐한 땅을 일구며 회복의 역사를 썼던 이스라엘 백성의 사명이 이제 우리의 사명임을 기억합시다.

분명히 건너지 못할 길이었는데,
돌아보면 어느새 그 길을 건너고 있는
우리의 모습을 본다면
하나님의 은혜라
고백하지 않을 수 있겠습니까?

GOD'S MAN

10

에스라 3:8-13

헛헛한 내 삶에
꽃을 피우고 싶다면

하나님의
회복 계획에
동역자가 되세요

월드컵경기장 주변에는 '하늘공원', '노을공원'으로 불리는 아름다운 쉼터가 있습니다. 그런데 이곳의 원래 이름은 '난지도'였습니다. 1992년까지 서울시 쓰레기 매립지로 사용되었는데, 쓰레기의 높이가 무려 100m 이상 쌓이면서 매립 가스로 인한 악취가 극심했고 쓰레기 하수가 주변을 오염시키는 주범이 되었습니다.

정부에서는 더 이상 그 땅에 쓰레기를 버리지 않고 회복시키기로 결정했습니다. 하지만 심각한 환경 문제를 일으키는 난지도에 환경공학적 매립지 복원 정책을 써 보았지만 생태계는 회복되지 않았습니다.

그런데 놀랍게도, 회복이 불가능해 보였던 난지도 여기저기에 개망초가 피기 시작했습니다. 개망초라는 꽃은 북아메리카가 원산지인데, 1910년 우리나라가 망할 때 들어왔다고 해서 '망국초'라 부르기도 하고, 한 번 번식하면 번식력이 너무 좋아 밭에 나면 농사를 망친다고 해서 '개망초'라고도 불립니다. 이 잡초 같은 꽃이 여기저기 피기 시작하자 더 놀라운 일들이 일어났습니다. 인간의 힘으로는 복원이 불가능했던 땅에 생태계가 살아나기 시작했습니다.

2002년 월드컵을 계기로 이 지역을 생태마을로 지정하면서 본격적인 개발이 시작되었습니다. 월드컵이 시작할 때 이곳에 살고 있는 동식물의 종류가 약 430종이었다고 합니다. 10여 년이 지나 2013년에 재조사했더니 1,000여 종이 넘는 동식물이 살고 있었습니다.

하늘공원은 지금 서울 내 꿈의 공간이 되어 가고 있습니다. 복원과 회복이 불가능했던 땅에 다시 꽃이 피고, 나무들이 자라나고, 새들이 찾아와 회복되었습니다.

이스라엘 백성에게도 전혀 회복되지 않을 것 같았던 절망적인 역사 속에 뜻밖에 하나님의 회복하시는 기적이 찾아왔습니

회복의 시작은

　　　　우리에게 있지 않습니다.

　　하나님께 있습니다.

다. 고레스왕이 고국 이스라엘로 돌아가도 좋다는 칙령을 반포했고, 성전 재건도 허락할뿐더러 도와주겠다고 발표하면서 그들에게 꿈만 같았던 일들이 벌어진 것입니다. 하나님이 시작하신 일이었지요.

그들은 이미 폐허가 된 불모지에서 하나님이 다시 허락하신 기회를 어떻게 하면 아름답게 사용해 하나님이 기뻐하시는 나라로 세워 나갈까 머리를 싸맸을 거예요. '하나님의 회복 계획에 어떤 모습으로 동참할 것인가?'가 그들의 가장 큰 숙제였을 것입니다.

우리는 이 땅을 살아가면서 '내 마음이 회복될 수 있을까? 우리 가정과 이 나라와 민족이 다시 회복될 수 있을까?' 하며 절망감을 느낄 때가 많습니다. 그리고 회복의 능력이 없다는 사실을 깨달을 때 좌절합니다. 그러나 회복의 시작은 우리에게 있지 않습니다. 하나님께 있습니다.

만약 하나님이 우리를 회복시켜 하나님의 자녀 삼으시고 구원해 주셨다면 하나님의 회복 계획에 우리는 어떤 자세와 마음으로 임해야 할까요?

불가능해 보이는 회복을 꿈꾸고 있나요?
하나님의 일을 나의 일로 여기세요

하나님의 회복 역사에 동참하려면 우리가 하나님의 동역자임을 기억해야 합니다. 하나님의 비전이 나의 비전이 되고, 하나님의 꿈이 나의 꿈이 되어야 합니다. 이스라엘 백성은 하나님의 회복 계획을 자기 일로 받아들였습니다.

고국에 돌아온 이스라엘 백성에게 가장 필요한 일이 있다면 더위와 추위를 피할 수 있는 집을 짓는 것이었습니다. 그러나 그들은 삶의 우선순위를 다른 어떤 것이 아니라 하나님의 성전을 회복하고 예배드리는 데 두었습니다(스 3:9). 왜냐하면 성전을 회복하는 일을 하나님이 그들에게 맡기셨다고 받아들였기 때문이에요. 하나님 일은 하나님 일이고, 내 일은 내 일이 아닙니다. 하나님의 비전과 계획이 나의 비전이고 계획임을 받아들이기 시작할 때 자세와 태도가 달라지기 시작합니다.

종교개혁운동으로 가장 중요한 영향력을 미친 사상이 만인제사장설과 직업관입니다. 당시에는 거룩한 직업과 세속적인 직업이 구별되어 있었습니다. 그러나 하나님의 말씀이 들어가자 사람들의 사고와 인생의 기준에 변화의 바람이 불기 시작했습니다. 내가 어떤 일을 하든지, 하나님이 나에게 주신 일이라는 확신과 동기를 가지고 일하면 그 일은 세속적인 일이 아니라 거룩한 일이라고 받아들였던 것입니다. 우리의 일상은 단순한 일상이 아니라 하나님이 내게 맡겨 주신 우리의 일상입니다. 그러나 아무리 거룩한 일을 한다고 할지라도 나의 욕심과 욕망을 위해서 일한다면 세속적인 일입니다.

중세기에 한 사람이 성당을 건축하는 현장을 지날 때 일꾼들에게 "당신, 여기서 무엇을 하고 있습니까?"라는 질문을 던져 보았습니다. 첫 번째 사람은 "돈을 벌고 있지요"라고 대답했고, 두 번째 사람은 "건축하고 있지요"라고 말했습니다. 세 번째 사람에게 같은 질문을 하자, 그는 이렇게 말했습니다. "하나님의 집을 짓고 있습니다." 모두 틀린 대답은 아니에요. 그러나 세 번째 사람은 자기 사명을 분명히 알고 있는 사람이라고 할 수 있습니다.

오늘 가족들을 위해 밥을 짓고, 자녀들을 위해 일하고, 작은 모퉁이를 청소하는 평범한 하루를 살아가지만, 그럼에도 불구하고 이것이 하나님이 내게 맡겨 주신 나의 사명임을 받아들일 때 하루의 작은 일들이 가장 거룩한 일이 될 수 있습니다. 평범해 보이는 일상이지만 하나님이 이 일을 위해 나를 보내셨다는 믿음을 갖는다면 어떤 어려움이 있다 할지라도 포기하지 않고 끝까지 감당할 것입니다. 왜냐하면 내 일이 아니라 하나님의 일이기 때문입니다.

말씀에 순종하면
하나님이 하십니다

이스라엘 백성은 하나님의 말씀에 순종했습니다. 이스라엘 백성은 하나님의 구원 계획을 이루어 가는 회복 역사에 참여할 때 자기 의지나 뜻, 경험, 지혜가 아니라 하나님의 말씀을 따랐습니다. 성전의 기초를 놓을 때에도 다윗의 규례대로 여호와를 찬송했습니다(스 3:10).

우리는 회복을 위해 몸부림칩니다. "진정한 회복이란 무엇인가?"하며 정의를 외치기도 하고, 자기 의를 내세우기도 하지요. 그러나 진정한 회복은 거기서가 아니라, 하나님의 말씀을 지키며 그 말씀대로 사는 데서 이루어지기 시작합니다. 왜냐하면 하나님의 말씀은 생명력이 있기 때문입니다. 말씀에 순종할 때 우리의 삶이 생명 있는 삶으로 바뀌기 때문입니다.

예배를 드리는 것, 성전을 회복하는 것은 기분이나 환경, 여건을 기준으로 해선 안 되고 오직 하나님의 말씀대로, 규례대로 해야 합니다. 바로 이것이 회복의 원칙임을 이스라엘 백성은 알고 있었습니다. 그래서 성전 터를 닦을 때도 하나님의 언약이 머물러 있는 터를 선택했습니다. 성전의 기초를 놓을 때도 제사장들은 예복을 입고 나팔을 들고, 아삽 자손 레위 사람들은 제금을 들고 서서 규례대로 하나님을 찬송했습니다. 오로지 하나님의 말씀을 따라서 성전 회복의 역사를 써 간 것입니다.

종교개혁의 핵심 중에 '오직 말씀'이라는 중요한 주제가 있습니다. 하나님의 말씀으로만 삶을 다시 세워야 교회와 성도와 나라가 회복된다고 믿었기 때문입니다. 회복은 내 안에 하나님의 말씀이 들어올 때 시작됩니다. 우리는 잃어버린 것을 회복하기 위해서 나름대로 노력합니다. 그러나 가장 중요한 회복의 원칙은 말씀이 내 속에 들어오고, 말씀을 따라가는 것입니다. 그때 생명력 있는 말씀, 살아서 역사하는 말씀의 능력이 회복시키려는 하나님의 계획에 사용되는 모습을 볼 수 있습니다.

"주의 말씀은 내 발에 등이요 내 길에 빛이니이다"(시 119:105)라는 시편 기자의 고백을 기억하세요. 말씀을 따라 인생을 써 갈

때 회복의 역사를 체험하게 됩니다. 큐티와 말씀 읽기를 통해 하나님 앞에서 날마다 자신을 살펴보세요. 말씀을 통해 자기를 고쳐 가며 새롭게 하나님 앞에서 살아가겠다고 결단하세요. 회복을 위한 걸음이 될 것입니다.

이스라엘 백성은 말씀에 순종하며 동시에 감사로 응답했습니다. 그들은 단지 성전을 지은 것이 아닙니다. 그때 그들의 삶 속에 지어진 성전은 감사였고, 하나님의 은혜였습니다. 그들은 은혜 가운데 자신들에게 주어진 삶에 감사로 응답하며 나아갔습니다.

"찬양으로 화답하며 여호와께 감사하여 이르되 주는 지극히 선하시므로 그의 인자하심이 이스라엘에게 영원하시도다 하니 모든 백성이 여호와의 성전 기초가 놓임을 보고 여호와를 찬송하며 큰 소리로 즐거이 부르며"(스 3:11). 이스라엘 백성에게는 이 모든 역사가 하나님이 주신 선물이었습니다. 그들에게는 아무런 능력도 없었습니다. 따라서 선물을 받은 그들이 하나님께 올려 드릴 마땅한 반응은 감사요, 찬양이었습니다.

전능하신 하나님 앞에서 유한한 인간이 할 수 있는 일이 무엇이겠습니까? 의, 공로 등 하나님 앞에서는 자랑할 것이 아무것도 없습니다. 지나온 세월, 하루하루 순간순간 하나님이 인도하시고 역사해 주셨다는 사실을 믿고, 고백하고, 하나님께 감사드릴 뿐입니다.

은혜 때문에
여전히 소망이 있습니다

오늘 우리는 어렵고 힘든 것만 봅니다. 그러나 그보다 훨씬 더 소중한 나의 구원과 소망을 바라봐야 해요. 본질상 죄인이요, 희망이라고는 전혀 찾아볼 수 없는 내 삶에 찾아오셔서 나에게 소망이 되시고 나를 구원해 주신 하나님! 우리는 은혜를 입은 사람들입니다. 은혜 때문에 살아갑니다. 때로는 힘들고 어려운 일을 만난다 할지라도 은혜가 있기 때문에 우리에게는 소망도 있습니다.

종교개혁의 또 하나의 핵심은 '오직 은혜'입니다. 그전까지는 인간의 의로, 인간의 노력으로 천국에 갈 수 있다고 생각했어요. 그러나 하나님은 인간의 의를 필요로 하시지 않습니다. 따라서 하나님의 말씀에는 오직 은혜만 있습니다. 기독교 변증가이자 문학가인 C. S. 루이스는 "기독교가 다른 종교와 무슨 차이가 있습니까?"라는 질문에 이렇게 답했습니다. "기독교가 다른 종교와 차이가 있다면 그것은 은혜입니다. 은혜가 있다는 것이 기독교의 본질입니다."

난지도에 관한 이야기로 서두를 시작했습니다. 인간의 회복 프로그램이 살려 내지 못한 그 땅을 하나님이 회복시키셨습니다. 100m 이상 쌓여 있는 쓰레기 더미, 악취가 풍기고 더러운 폐수물이 쏟아지는 그곳이 그렇게 변화될 줄 누가 알았겠어요?

난지도만 그렇게 될 수 있다고 생각하나요? 어쩌면 우리의 삶도 난지도가 풍겼던 악취와 다르지 않을지 모릅니다. 단지 겉만 그럴듯하게 포장된 채 살아가고 있지는 않습니까? 어쩌면 생명이 살 수 없을 정도로 메마른 모습은 아닐까요? 우리 속에 진정한 회복의 능력과 가능성과 소망이 있나요? 우리에게는 없습니다. 하나님으로부터만 가능합니다.

우리를 회복시키시는 분이 하나님이시라면, 그 하나님 앞에서 우리는 어떻게 살아야 할까요? 하나님은 이사야 51장 3절에 회복에 대한 그림을 보여 주셨습니다. "나 여호와가 시온의 모든 황폐한 곳들을 위로하여 그 사막을 에덴 같게, 그 광야를 여호와의 동산 같게 하였나니 그 가운데에 기뻐함과 즐거워함과 감사함과 창화하는 소리가 있으리라."

신학교에 다닐 때 난지도에서 사역하는 분들이 있었습니다.

그들이 보여 준 난지도에서 살아가는 사람들의 처참한 모습이 눈앞에 선합니다. 이해할 수 없을 만큼 회복 불능의 땅이 이제 회복되어 아름다운 쉼터가 되었다는 사실이 믿어지지가 않습니다. '나도, 내 가정도, 내 사업도, 내 나라도 정말 다시 회복될 수 있을까?' 하는 안타까운 마음으로 살아가고 있나요?

확신하며 말합니다. 우리도 반드시 회복될 것입니다. 왜냐하면 하나님이 계시기 때문입니다. 이 믿음으로 척박한 우리 삶의 현장 속에서 하나님의 회복 계획에 동참하는 우리가 되기를 바랍니다.

GOD'S MAN

CH

CE

11

에스라 7:6-10

내 가정, 내 나라의 회복을 위한
마중물이 되고 싶다면

'오직 말씀'으로
결단하세요

2011년 3월 11일, 일본 동북부 해안 지역에 약 14m 높이의 쓰나미가 와서 2만여 명의 사망자와 행방불명자가 발생하는 비극적인 일이 있었습니다. 그런데 이처럼 처참한 상황 가운데서 두 마을이 신문에 보도되면서 사람들의 주목을 받았습니다.

한 마을은 이와테 의 북부 후다이 마을인데, 단 한 명의 사상자도 없었습니다. 그 이유는 1967년 마을 앞에 건설해 놓은 높이 15.5m, 길이 155m의 방조제와 1984년도에 완공한 수문(높이 15.5m, 길이 205m) 덕분이었습니다. 원래는 10m의 방조제와 수문을 세우도록 되어 있었습니다. 하지만 촌장 와무라 고투쿠가 과거 메이지 시대에 15m 높이의 쓰나미가 왔다는 역사적 기록을 참고하면서 15.5m 높이의 방조제를 고집했던 덕에 이 마을은 보호를 받게 되었던 것입니다.

또 한 마을은 미야코시 아네키치 지역으로, 12가구, 40명의 주인들이 사는 작은 마을입니다. 이 마을에서도 한 사람도 생명을 잃지 않았습니다. 조상들이 쓰나미를 경험한 후 해발 60m 지점에 이런 내용의 비석을 세워 두었습니다. "여기보다 아래에는 집을 짓지 말라." 오래된 이끼가 낀 비석이었지만 마을 사람들은 그 비석에 적힌 내용대로 비석 위쪽에 집을 지었습니다. 쓰나미 경보가 울렸을 때 그들이 간 곳은 자기 집이었습니다. 쓰나미는 해발 50m까지 차고 더 이상 넘어오지 못했습니다.

위기를 당했는데, 그 위기를 잘 준비해 놓은 사람들이 있는가 하면 그 위기 앞에 속수무책으로 당한 사람들이 있습니다. 과거의 실패와 아픔에서 비롯한 지혜를 받아들인 사람과 현실만 바라보고 산 사람의 삶의 태도는 이처럼 분명히 다릅니다.

이스라엘 백성은 성전 건축을 했습니다. 유월절도 지켰습니다. 그러면 나라가 새로워지고 회복될 줄 알았는데, 60여 년이 지나도록 여전히 백성들은 방황했고 하나님의 백성다운 삶을 살지 못했습니다.

우리가 예수를 수십 년 믿어도, 아니 일평생 믿어도 성경이 말하는 기쁨을 한 번도 맛보지 못하고, 하나님이 주시는 소망과 뜨거움과 감격과 자기 삶을 모두 바쳐도 아깝지 않을 신앙의 가치를 깨닫지 못하는 것과 마찬가지인 것 같습니다. 혼란스러운 세상에서 손 놓고 있으면 우리의 방황하고 무의미한 삶이 우리 다음 세대까지 이어질 것이 분명합니다.

이때 이스라엘 백성 가운데 에스라가 나타났습니다. 에스라는 보장되고 안락한 삶을 뒤로하고 고국 이스라엘의 진정한 부흥과 발전을 위해, 즉 하나님의 백성이 존귀한 모습을 회복하는 일을 돕기 위해 이스라엘로 돌아가기로 결심했습니다. 800여 명과 더불어서 1,440km의 길을 4개월에 걸쳐서 여행했습니다.

에스라가 꿈꿨던 하나님 나라의 재건, 그리고 하나님 나라의 아름다운 모습은 무엇일까요? 이를 이루기 위해 에스라는 어떤 결심을 했을까요?

하나님의 말씀을 연구하세요
칼로 잰 듯이 정확하게

에스라는 가장 먼저 하나님의 말씀을 연구하겠다고 결심했습니다. "에스라가 여호와의 율법을 연구하여 준행하며 율례와 규례를 이스라엘에게 가르치기로 결심하였었더라"(스 7:10). '율법을 연구한다'는 말은 칼로 잰 듯이 정확하게 살펴본다는 의미입니다. 또한 '결심했다'는 말은 원어의 의미를 살려 번역하면 '자신의 마음을 향해 굳게 확정했다'는 뜻입니다. 해도 되고 안 해도 되는 선택의 문제가 아니라 반드시 해야 하는 문제로 여겨 결심했다는 것입니다.

에스라 7장 6절을 보면, 에스라가 어떤 사람인지 알 수 있습니다. "이 에스라가 바벨론에서 올라왔으니 그는 이스라엘의 하나님 여호와께서 주신 모세의 율법에 익숙한 학자로서 그의 하나님 여호와의 도우심을 입음으로 왕에게 구하는 것은 다 받는 자이더니."

아마도 에스라는 바벨론에서 태어난 2세 내지 3세일 수 있습니다. 그는 대제사장 아론의 16대 후손으로서 서기관이었습니다. 원래 서기관은 국가의 대내외 문서들을 기록하고 보관하는 일을 했는데, 경우에 따라서는 왕을 보좌하는 비서 역할도 했습니다. 그러나 에스라는 모세의 율법을 연구하고 가르치는 사람이 되었습니다. 그래서 성경은 에스라가 '모세의 율법에 익숙한 학자'라고 말합니다. 뿐만 아니라 에스라는 '왕에게 구하는 것은 다 받는 자'였습니다. 이는 마치 바벨론 느부갓네살왕이 다니엘을 인정했던 것처럼, 바사 다리오왕이 하나님의 말씀대로 살아가는 에스라를 귀하고 신실하게 여겼다는 뜻입니다.

그렇다면 에스라는 왜 하나님의 말씀을 연구하겠다는 결심을 하게 되었을까요? 에스라는 비교적 자기 나라인 이스라엘의 역사가 기록된 자료나 하나님의 말씀과 율법에 접근하기 쉬운 위치에 있었습니다. 그는 이스라엘 역사와 이스라엘의 하나님의 말씀을 살펴보았습니다. 그러면서 그에게 공통적으로 다가온 질문이 있었습니다. '이스라엘이 흥왕했을 때가 언제인가?' 바로 하나님의 말씀이 이스라엘 백성의 마음과 삶 속에 머물러 있을 때였습니다.

그리고 또 하나 공통점을 발견했는데요, '이스라엘이 멸망하고 어려웠을 때가 언제인가?'라는 질문의 답이었습니다. 바로 백성들의 마음속에 하나님의 말씀이 사라졌을 때였습니다. 그때 그들은 세상을 따라갔고, 자기 소견에 옳은 대로 살아갔습니다.

에스라는 이스라엘의 진정한 회복을 위해서는 성전 건축이나 유월절을 지키는 일도 중요하지만, 무엇보다 먼저 하나님의 말씀이 백성들의 마음속에, 삶 가운데 머물러 있어야 한다는 사실을 깨닫게 되었습니다.

'왜 내 삶이 믿음이 있지만 무기력하고, 하나님이 주신 기쁨으로 충만하지 못할까? 예수를 믿는데, 나는 왜 이리 현실적이고 세속적인 인간이 되어 갈까?' 혹시 자기 자신에게서 이런 질문이 나온다면 그 원인은 어디에 있을까요? 말씀의 결핍에 있습니다.

'하나님의 말씀이 오늘 나에게, 우리 민족에게 바로 심겨야 한다. 그때 진정으로 하나님의 말씀의 생명력이 우리 속에 잠자고 있는 아름다운 믿음의 유산을 일으킬 것이다.' 이 확신이 바로 에스라의 결론이었습니다. 또한 오늘 우리의 결론이 되어야 할 것입니다.

하나님의 말씀대로 사세요
오늘, 작은 것부터라도

말씀을 연구한 에스라는 하나님의 말씀을 읽으면서 그 말씀대로 살아 보았습니다. 그러자 하나님의 손을 힘입어 살아가는 삶에 얼마나 놀라운 역사가 임하는지를 체험하게 되었습니다. 가장 척박한 땅, 회복될 수 없는 그 땅, 그 자리에서 하나님이 에스라를 형통하게 하사 높은 자리에 앉혀 주시고, 왕에게 구하는 것은 다 얻는 복된 인생을 살게 하신 것입니다.

에스라의 삶의 능력은 바로 하나님의 말씀을 행한 데서 나왔습니다. 시편 119편 1-2절, "행위가 온전하여 여호와의 율법을 따라 행하는 자들은 복이 있음이여 여호와의 증거들을 지키고 전심으로 여호와를 구하는 자는 복이 있도다"라는 말씀처럼, 진정 복 있는 사람은 하나님의 말씀을 알 뿐 아니라 행하는 자입니다.

우리가 하나님의 말씀을 듣지만 말씀대로 살지 못하는 이유가 무엇일까요? 돈이나 세상 지위, 명성, 안락한 삶 등 말씀보다 더 소중히 여기는 대상이 있기 때문입니다. 그때는 말씀을 지키기 위해서 내 삶을 다 던지지 않습니다. 다른 가치를 따라가게 되면 말씀에 담긴 참된 생명과 소망의 맛을 결코 경험할 수 없지요.

예수님은 마태복음 5장에서 주옥같은 말씀인 산상수훈을 말씀하신 후 결론 부분에서 지혜로운 사람과 어리석은 사람을 구분하셨습니다. "그러므로 누구든지 나의 이 말을 듣고 행하는 자는 그 집을 반석 위에 지은 지혜로운 사람 같으리니 … 나의 이 말을 듣고 행하지 아니하는 자는 그 집을 모래 위에 지은 어리석은 사람 같으리니"(마 7:24, 26).

처음에는 지혜로운 사람과 어리석은 사람이 각각 하나님의 말씀을 들은 사람과 듣지 않은 사람이라고 생각했습니다. 그러나 주님의 분류법은 그렇지 않다는 사실을 깨달았습니다. 진짜 지혜로운 사람은 하나님의 말씀을 듣고 행하는 사람이요, 어리석은 사람은 보화 같은 하나님의 말씀을 들었지만 행하지 않으로 그 보화를 자기 것으로 만들지 못하는 사람입니다.

매주 예배에 "하나님의 말씀대로 살았더니 하나님이 이렇게 역사하셨습니다"라는 삶의 간증을 가지고 나올 수 있다면 얼마나 좋을까요? 그 고백을 드리는 성도의 찬양은 단순한 찬양이 아닐 것입니다. 그가 드리는 기도는 단순한 기도가 아닐 것입니다. 그의 헌신은 무의미한 드림이 아닐 것입니다. 생명력 있는 하나님께 드려지는 참된 예배가 될 것입니다.

실천이 없으니까 하나님의 능력을 체험하지 못합니다. 말씀대로 따라가지 못하니까 세상의 결실, 육체의 열매를 거두며 살아갈 수밖에 없습니다. 사람은 관심 있는 대상이 보이기 마련입니다. 나 자신에게 관심이 있는데 하나님의 역사가 보일 리 없습니다. 이제 하나님께 관심을 갖고 하나님의 말씀대로 작은 것부터 실천해 나갑시다.

하나님의 말씀을 가르치세요
자녀에게, 다음 세대에게

에스라는 이스라엘 백성이 언약 백성으로서의 정체성을 상실하고 현실을 따라 사는 이유가 하나님의 말씀을 알지 못하고, 그 말씀대로 행하는 훈련을 받지 않았기 때문임을 알았습니다. 그래서 이 백성에게 말씀을 가르쳐야겠다고 마음먹었습니다. 하나님의 말씀을 지킴으로써 말씀의 능력이 이 백성에게 나타나고, 그들 속에 하나님의 자녀 됨이 회복되고, 하나님 앞에 새로이 헌신하게 하고자 그는 하나님의 말씀을 가르치기로 작정했습니다.

하나님의 말씀을 가르치는 것은 매우 중요합니다. 모세는 가나안 땅 입성을 앞두고 이스라엘 백성에게 부탁의 말을 했습니다. 어느 때에든지 하나님의 말씀을 가르치라고 했습니다(신 6:7). 가나안 땅에 들어가서 풍족하게 살게 되거든 애굽과 광야에서 함께하신 하나님과 그분의 말씀을 기억하고 자녀들에게 가르치라는 것입니다. 가르치지 않으면 이 축복이 너희에게서 끝난다는 것입니다.

여호수아와 당시 사람들이 살아 있는 동안에는 하나님을 믿었습니다. 하지만 하나님의 말씀을 가르치지 않아 그 말씀이 다음 세대로 전수되지 않자 이스라엘 백성은 말씀에서 떠나 살 수밖에 없었습니다. 말씀을 알지도 못했기에 말씀대로 살아갈 수도 없었고, 말씀의 능력을 체험하지도 못했습니다.

가만히 있으면 말씀이 귀에 쏙쏙 들어오는 것이 아닙니다. 누군가 말씀을 전하지도 않았는데 그 말씀이 세상을 살아가고 있는 내 속에 들어와서 내 마음을 움직이고 생명 얻고 살아가게 되는 법은 없습니다. 말씀을 전하고 가르칠 때 말씀이 들어가고, 그 말씀을 들은 사람이 바로 살아가게 됩니다. 그렇기에 우리는 때를 얻든지 못얻든지 자녀들에게 하나님의 말씀을 가르쳐야 합니다.

오늘 우리는 어려운 시대를 살아가고 있습니다. 어떻게 회복

나의 회복은 하나님의 말씀이
내 안에서 회복되는 것이요,
가정의 회복은 하나님의 말씀이
가정에서 회복되는 것입니다.

될 수 있을까요? 나의 회복은 하나님의 말씀이 내 안에서 회복되는 것이요, 가정의 회복은 하나님의 말씀이 가정에서 회복되는 것입니다. 또한 자녀들의 회복은 하나님의 말씀이 자녀들에게 전해져 그들이 하나님의 말씀 앞에서 믿음으로 살아가는 것입니다.

일본은 쓰나미를 경험하면서 후손들에게 교훈을 남겼습니다. "해발 60m보다 아래에는 집을 짓지 말라"는 내용의 비석을 세우기도 했고, 비난을 받으면서도 역사의 교훈을 따라서 높은 방조제를 지어 후손들을 보호하기도 했습니다.

오늘 나의 삶 속에 내 자녀들과 후손들을 위해 어떤 비석을 세우기 원합니까? 그리고 밀려오는 세속의 물결 앞에서 내 자녀들을 지키기 위해 얼마만큼 높이의 방조제를 세우기 원합니까? 에스라의 민족을 향한 간절한 소원, 즉 하나님의 말씀에 대한 확신을 가지고 하나님의 말씀을 연구하고, 행하며, 가르치겠다는 결심이 오늘 우리의 결심이 되면 좋겠습니다.

GOD'S MAN

CH

CE

12

에베소서 2:11-22

기다리기 지쳐
혼자 빨리 뛰고 싶다면

느려도, 달라도,
부족해도
같이 가요

일본의 한 식당은 주문 실수가 너무 많다고 합니다. 라면을 주문했는데 우동이 나오고, 햄버거를 주문했는데 만두가 나오는 일이 비일비재한 식당입니다. 손님들이 자기가 주문한 메뉴를 거의 먹을 수 없는 식당으로 알려져 있습니다. 게다가 한 번 주문하면 음식이 나오는 것이 아니라 여러 번 반복해서 주문해야 할 때도 있습니다. 이쯤 되면 식당이 문을 닫을 만도 한데, 여전히 북적거리고 손님이 많다고 하네요.

이 식당이 특별한 이유는 다름 아닌 아르바이트생들 때문입니다. 이곳 아르바이트생들은 모두 치매에 걸린 할머니들이거든요. 때로는 직전에 받은 주문도 잊어버리고, 주문과는 다른 메뉴를 가져다주는 실수를 범하기도 하지만 최선을 다해 일하면서 웃음을 잃지 않으려 노력한다고 합니다.

많은 자원 봉사자와 함께 운영되는 이 식당은 치매 환자도 사회의 구성원이라는 공동체 의식과 소속감을 불어넣자는 동기로 시작되었습니다. 그런데 많은 손님이 찾아 줄 뿐 아니라 음식이 잘못 나와도 편안하게 받아들여 주다니 신기합니다. 그 이유가 무엇일까요? 치매에 걸린 할머니들을 통해 자기 미래를 보기도 하고, 자기가 실수하고 잘못했을 때 품어 주었던 자기 어머니가 연상되기 때문이라고 합니다.

이 이야기를 들으면서 '공동체란 과연 무엇인가?'에 대해 많은 생각을 하게 되었습니다. 우리 인생에는 슬프고 고통스러운 일을 만나는 경우가 정말 많습니다. 그럼에도 불구하고 우리가 살 만한 가치가 있다고 느껴지고 회복도 이루어지는 공동체는 없을까요? 요즘처럼 가정도 깨지고, 교회도 분쟁으로 어려움을 겪을 뿐 아니라, 편안한 곳을 찾기 힘든 시대에 의와 희락과 화평이 있는 공동체는 과연 존재할 수 있을까요?

바울은 에베소서 2장 11-22절에서 우리가 하나님과 어떻게 연합되었는가를 설명한 후 하나님과 연합된 성도들이 서로 어떻

게 연합할 수 있는지, 우리가 지금 궁금해하고 있는 그 공동체에
대해 설명해 주고 있습니다.

기억하세요
'그때에' 나도 그랬어요

가장 먼저, 바울은 구원받기 전 모습을 잊지 말라고 했습니다. 그
는 에베소서 2장 11절을 '그러므로 생각하라'라는 말로 시작했
습니다. 여기서 '생각하라'라는 말은 '회상하라', '잊지 말라', '기
억하라'는 의미입니다. 원어로 보면 이 단어가 굉장히 강조되어
있습니다. 과거를 회상하면서 반드시 기억해야 하는 내용이 있
다는 것입니다.

"그러므로 생각하라 너희는 그때에 육체로는 이방인이요 손
으로 육체에 행한 할례를 받은 무리라 칭하는 자들로부터 할례
를 받지 않은 무리라 칭함을 받는 자들이라 그때에 너희는 그리
스도 밖에 있었고 이스라엘 나라 밖의 사람이라 약속의 언약들
에 대하여는 외인이요 세상에서 소망이 없고 하나님도 없는 자

이더니"(엡 2:11-12). 12절에는 '생각하라'라는 단어가 생략되어 있습니다. 이 말씀은 한마디로, "우리는 원래 허물과 죄로 죽었던 존재요, 본질상 진노의 자녀였다. 그 사실을 잊지 말고 기억하라"는 것입니다.

구원받고 예수 그리스도로 말미암아 인격적으로 성숙하게 되면 과거를 잊게 됩니다. 나는 원래 잘 살았고, 원래 좋은 사람이었다고 생각하기 쉽지요. 그때 나타나는 것이 자기 의입니다. 내가 심판자가 되어서 다른 사람을 비판하는 일이 마음속에 싹트기 시작합니다.

그러나 하나님은 단적으로 말씀하십니다. "너희는 그 은혜에 의하여 믿음으로 말미암아 구원을 받았으니 이것은 너희에게서 난 것이 아니요 하나님의 선물이라 행위에서 난 것이 아니니 이는 누구든지 자랑하지 못하게 함이라"(엡 2:8-9). 모든 것이 하나님의 선물로 주어진 것이므로 지금 조금 괜찮다 할지라도 자랑할 수 없다는 뜻입니다.

그렇다면 우리가 은혜로 구원받았다는 것이 어떤 의미입니까? 우리의 본성은 악한데, 하나님이 자비와 긍휼로 우리의 지저분하고 타락한 모습을 흰 보자기로 감싸 주셔서 우리를 죄 없다 인정하고 하나님의 자녀로 삼으신 것입니다. 그러니 우리는 하나님의 은혜의 보자기를 벗기면 본질상 진노의 자녀요, 죄와 허물로 죽은 자에 불과합니다. 하나님의 은혜로 우리가 지금 이만큼 살아가고 있다는 사실을 기억하고 인정하라고 바울은 말한 것입니다.

이 사실을 기억하는 사람은 자기를 자랑하지 않습니다. 오직 십자가를 자랑합니다. 나를 이렇게 만드신 하나님, 내 삶을 지금까지 인도해 오신 하나님, 나를 붙들어 오신 하나님을 자랑합니다. 그리고 나의 연약함을 자랑합니다.

하나님이 통치하시는 의와 희락과 화평의 공동체가 이루어지기 위해서 우리에게 가장 필요한 것이 무엇이라는 것이지요? 자신이 원래 본질상 진노의 자녀였다는 사실을 잊지 않고 기억하며 살아가는 것입니다. '그때에'라는 단어에 주의하세요. '오늘', '지금'이 아니라 '그때에' 우리가 그랬다는 사실을 기억하면서 살아갈 때 삶의 자세가 달라지고 공동체 구성원들을 대하는 태도에 변화가 찾아옵니다.

내 자리에 예수님을 초청할 때
화목해집니다

교회가 교회다워지기 위해서 바울이 또 하나 제안한 것은 예수 그리스도가 우리의 평화가 되셨음을 생각하라는 것입니다. 주님이 평화를 주시지 않으면 우리가 평화를 얻을 수 없었다는 사실을 깨닫는 것이 중요합니다. "이제는 전에 멀리 있던 너희가 그리스도 예수 안에서 그리스도의 피로 가까워졌느니라"(엡 2:13).

성부 하나님은 우리를 택하사 하나님의 자녀로 삼아 주셨습니다. 또한 성자 예수님은 십자가에서 흘린 피로 말미암아 우리 죄의 대가를 다 지불하심으로 죄로부터 우리를 자유롭게 해 주셨습니다. 우리를 자신의 기업으로 삼으셨을 뿐 아니라 영광의 찬송이 되게 하셨습니다. 성령 하나님은 우리에게 구원의 복음을 들려주셨고, 복음을 받아들이도록 역사하셨습니다. 그래서 우리를 자신의 소유로 삼으셨고, 하나님의 자녀가 받을 놀라운 축복의 보증이 되셔서 우리가 소망을 가지고 살도록 우리의 삶을 인도해 주셨습니다.

이처럼 주님이 우리에게 행하신 일은 화목입니다. 우리를 하나님과 화목하게 하셨고, 사람과의 관계에서도 화목하게 하셨습니다. 뿐만 아니라 주님은 공동체에 함께하셔서 우리 사이를 화목하게 하시고자 지금도 열심히 활동하고 계십니다.

은혜에 의하여 믿음으로 말미암아 우리를 구원하신 주님은 바로 우리를 화목하게 하는 사역에 부르셨습니다(고후 5:18-19). 우리는 주님께 화목하게 하는 직분을 받은 자로서 화목이신 예수 그리스도를 전해야 합니다. 우리에게는 화목하게 하는 능력이 없습니다. 화목이신 예수 그리스도가 활동하시도록 우리가 우리의 할 일을 하면, 즉 화목하게 하는 직분을 수행하면 주님이 우리 안에서 화목하게 하는 일들을 감당하십니다.

언젠가 한 책에서 예수님이 오시기 전까지 평화 회담이 1만 번 가까이 열렸다고 하는 글을 본 적이 있습니다. 아마도 예수님이 오신 이후에도 크고 작은 평화 회담이 1만 번 이상 일어났을 것입니다. 그러나 평화 회담이 전쟁과 갈등으로 이어진 경우가 적지 않다는 것을 역사를 통해 볼 수 있지 않나요?

왜 우리가 "하나님, 복음으로 통일되게 해 주십시오"라고 기도할까요? 우리는 평화를 만들려다가 평화를 깨뜨리는 일을 하는 존재이기 때문입니다. 오히려 많은 사람으로 하여금 고통과 어려운 일을 겪도록 하는 것이 인간의 죄성입니다. 그러므로 우리가 할 일은 평화의 왕으로 오신 주님이 증거되고 역사하실 수 있도록 우리가 있는 자리에서 주님을 높이고, 인정하고, 증거하고, 전파하는 일입니다.

우리는 예수 그리스도의 임재를 선포해 주님이 역사하실 수 있는 자리와 환경을 만들어 드려야 합니다. 그 자체가 화목하게 하는 직분입니다. 만약 가정에 갈등이 있다고 생각해 보세요. 우리가 아무리 화목하려고 노력해도 쉽게 회복되지 않습니다. 근본적으로 하나님이 그 가정에 들어가시고 예수님이 임하실 때 자연스럽게 화목한 가정이 됩니다. 교회 생활도 마찬가지입니다. 화목하게 하려고 애쓰지 말고 단지 그 자리에서 예수 그리스도를 증거하고 드러내면 됩니다. 그러면 자연스럽게 화목한 공동체가 이루어집니다.

서로서로 지어져 가는 중이에요
조금만 더 인내해요

바울은 교회가 무엇인가를 3가지 은유를 통해 설명했습니다. '하나님의 권속'(엡 2:19), '주 안에서 성전'(엡 2:21), '하나님이 거하실 처소'(엡 2:22)입니다. 그런데 이러한 교회가 어떻게 이루어집니까? "그의 안에서 건물마다 서로 연결하여 주 안에서 성전이 되어 가고 너희도 성령 안에서 하나님이 거하실 처소가 되기 위하여 그리스도 예수 안에서 함께 지어져 가느니라"(엡 2:21-22). 교회는 예수 그리스도를 믿는 성도들이 연합하여 지어져 갑니다. 지어지는 과정 중에 있는 것이 교회라는 뜻입니다.

우리 중에는 부족하고 연약한 사람이 있을 수 있습니다. 그러나 주님은 우리를 한 가족으로 삼으셨고, 더불어 주님의 교회를 만들어 가고 계십니다. 바울 서신을 보면 '서로'라는 단어가 많이 나옵니다. 우리가 미워하고, 내치고, 소외시키면 교회의 모습을 점점 잃게 됩니다. 때로는 힘들지만 사랑하고, 격려하고, 도와주면서 하나님의 성전을 지어 가야 합니다.

미국 노스캐롤라이나 샬럿에 위치한 빌리그레이엄기념도서관 입구 우측에는 20세기 복음 전도자 빌리 그레이엄의 아내 루스 그레이엄의 소박한 무덤이 있습니다. 묘비명이 매우 인상적입니다. "The End of construction. Thank you for your Patience"(공사 끝. 그동안의 인내를 감사합니다).

묘비명의 유래는 이렇습니다. 루스 그레이엄이 세상을 떠나기 전에 남편과 차를 타고 가는데 동네에 공사 중인 구간이 있었습니다. 공사 현장에 이런 표지판이 서 있었습니다. "공사 중입니다. 불편을 드려 죄송합니다." 그러던 어느 날, 길이 말끔해졌고 표지판 문구가 바뀌었습니다. "공사 끝. 그동안의 인내를 감사합니다." 그 문구에 감동을 받은 루스 그레이엄은 남편에게 자기 묘비명에 적어 달라고 부탁했다고 합니다.

우리 삶은 계속해서 공사 중입니다. 큰 공사를 하는 사람도 있고, 작은 공사를 하는 사람도 있습니다. 하나님은 수많은 시련과 연단을 통해 우리를 하나님의 작품으로 만들어 가십니다. 연합하는 법을 배우게 하시고, 헌신하는 법, 내 것을 나눠 주는 법, 사랑하는 법도 훈련시키십니다.

우리는 공사 중이기 때문에 온전하지 못합니다. 때로는 공사 규모가 너무 커서 주변 사람이 돌아서 가야 하는 불편도 있을 수 있습니다. 그럼에도 불구하고 공사가 다 끝나면 아름답게 변할 것을 기대하면서 서로를 기다려 줍니다. 그러다 보면 공사가 끝나고, "공사 끝. 그동안의 인내를 감사합니다"라는 표지판을 붙일 날이 찾아옵니다. 그렇다면 지금 우리 모두는 가슴에 이렇게 써 붙여야 하겠지요. "공사 중."

서두에서 이야기했듯이 손님들이 너그러운 마음으로 치매 할 우리 삶은 계속해서 공사 중입니다.
그러다 보면 공사가 끝나고,
"공사 끝. 그동안의 인내를 감사합니다"라는
표지판을 붙일 날이 찾아옵니다.

그렇다면 지금 우리 모두는 가슴에
이렇게 써 붙여야 하겠지요.

"공사 중."

머니를 기다려 주듯, 우리도 온전하지 못한 존재였지만 하나님이 여기까지 인도해 주셨습니다. 바울은 에베소 성도들이 소중한 교회 공동체로 하나님 앞에 존귀하게 세워지기를 기도했습니다. 마찬가지로 주님은 오늘 우리가 섬기는 교회를 향해서도 기도하고 계실 것입니다. 낙심되고 상처받아도 포기하지 말고, 하나님의 은혜를 배우고 사랑을 나누는 아름다운 교회 공동체를 세워 갑시다.

GOD'S MAN

13

에베소서 3:1-13

아직 신앙의 본질적 질문에
답하지 못했다면

'하나님의 비밀'의
문을 여세요

'예수를 믿는다는 것이 근본적으로 무엇일까?', '예수를 믿으면 어떻게 살아야 할까?' 이런 질문들에 진지하게 답해 본 적이 있나요? 바울은 이전에는 우리가 예배드리고 신앙 생활 하는 모든 것이 하나님의 비밀이었는데, 하나님이 그 비밀을 우리 앞에 활짝 열어 주셨다고 말했습니다. 하나님의 비밀이라고 하니 우리가 가진 믿음이 얼마나 귀하게 느껴지는지요.

그렇다면 바울이 깨달은 하나님의 비밀이란 무엇일까요? 하나님이 이 세상을 창조의 모습 그대로, 하나님의 완전한 구원이 이루어지도록 회복시키시려는 계획으로서, 하나님이 만세전부터 갖고 계셨던 비밀입니다. 즉 하나님이 통치하시는 하나님 나라, 의와 희락과 화평의 나라를 이루는 것이 하나님의 목적이었습니다.

그런데 인간이 스스로 하나님이 되고자 했기에 하나님으로부터 멀어지게 되었습니다. 하나님으로부터 모든 것을 공급받고 하나님과 교제하며 살도록 창조된 존재가 하나님을 떠남으로써 스스로를 책임지고 결정하며 살아야 하는 신세가 되어 버린 것이지요. 그런데 인간은 그런 일을 할 만한 능력이 없습니다. 따라서 하나님이 떠나신 자리에 새로운 존재, 즉 사탄이 들어와 지배하기 시작했습니다.

사탄은 거짓말로, 이간질로, 더러운 일로 인간의 삶을 파괴했습니다. 우리 속에 부패한 성품이 우리의 삶을 지배하게 되었습니다. 그리고 하나님이 계시지 않는 이 세상의 문화와 사상이 들어오면서 하나님이 우리에게 주셨던 의와 희락과 화평이 다 깨져 버리고 말았습니다. 비참해진 인간은 결국 그 죗값으로 심판에 이르렀고 영원한 형벌에 처할 수밖에 없었습니다. 이것이 인간의 운명이었습니다. 비극은 우리가 스스로를 구원하거나 변화시킬 만한 힘이 전혀 없다는 것이었습니다.

그런데 영원한 형벌 가운데 고통과 아픔, 수고와 슬픔밖에 없는 우리를 위해 하나님이 구원 계획을 세우셨습니다. 그것이 하나님의 비밀이었습니다. 바울은 하나님이 우리에게 열어 주신 하나님의 비밀을 이야기하면서, 믿음을 붙들고 살라고 권면했습니다.

복음의 비밀을 열면
겸손한 삶, 감사한 삶이 펼쳐집니다

예수님은 우리를 죄에서 구원하기 위해 십자가에 못 박혀 죽으셨고, 부활하셨고, 승천하셨고, 다시 오십니다. 우리가 예수 그리스도를 믿을 때 우리의 죄가 씻음 받고, 죄의 노예에서 벗어나며, 하나님이 자녀 삼아 주시고, 성령을 보내셔서 친히 축복의 보증이 되어 주십니다. 이것이 복음의 비밀입니다. 비참한 인간에게 하나님이 생명의 길을 열어 주신 것입니다.

하나님만이 알고 계셨던 것을 예수 그리스도가 우리에게 공포하신 것이 복음입니다. 하나님이 우리를 구원하시기 위해 예수 그리스도를 보내시고, 예수 그리스도를 통해서 하나님이 어떤 분이신가를 알려 주신 것이지요.

세상 사람들은 복음의 비밀을 이해하지 못합니다. 어떻게 우리의 비극적인 운명을 예수 그리스도를 나의 구세주와 주님으로 받아들인다고 시인할 때 바꿀 수 있느냐는 것이지요. 그것은 하나님의 비밀이요, 하나님의 선물이기 때문에 가능합니다. 구원은 우리의 노력과 방법으로 이루어진 것이 아니라 순전히 하나님의 자비하심, 긍휼하심, 사랑하심으로 말미암습니다.

주님이 그 비밀을 우리에게 알려 주셨습니다. 그래서 우리가 예수 그리스도를 나의 구세주와 주님으로 영접하게 된 것입니다. "성령으로 아니하고는 누구든지 예수를 주시라 할 수 없느니라"(고전 12:3)라는 말씀처럼, 성령의 도우심으로 복음을 듣게 되었고, 믿게 되었고, 받아들이게 되어 하나님의 비밀을 아는 자가 된 것입니다.

우리가 예수를 믿는 것은 이처럼 단순한 사실이 아니라, '영원한 죄와 형벌 가운데 있었던 우리를 하나님이 예수 그리스도를 통해서 구원해 주셨다'라는 크고 놀라운 사실로서, 하나님의 숨겨진 비밀입니다.

그러므로 복음의 비밀을 알고 있는 우리는 어떻게 해야 할까요? 죄인이라는 사실을 생각하면서 겸손해야 합니다. 가치 없는 우리를 구속해 주신 하나님의 은혜에 감사해야 해요. 즉 늘 겸손과 감사로 주님이 우리에게 베푸신 은혜로 살아가야 합니다.

교회의 비밀을 열면
하나님의 역사가 내 품으로 들어옵니다

하나님의 창조 질서를 완전히 세우고 하나님이 통치하시는 나라를 세우기 위한 하나님의 또 하나의 비밀은 교회의 비밀입니다. 교회는 '부름 받은 하나님의 백성'이라고 부를 수 있습니다. 이런 의미에서 보면, 구약시대에도 교회는 존재했습니다. 아브라함의 자손들이 하나님의 백성 교회라고 할 수 있겠습니다. 교회의 전 단계이지요. 그러나 구약시대 때 교회의 개념은 유대인들로 한정되어 있습니다. 이방인인 우리는 하나님의 약속 밖에 있는 외인이었습니다. 그런데 하나님이 예수 그리스도를 통해서 나누어진 것을 하나 되게 하시고 회복하셨습니다.

하나님께로부터 떨어져 나가면서 우리에게 일어난 현상 중에 하나는 하나님과의 관계가 상한 것과 더불어 인간관계에서 서로 멀어진 것입니다. 우리는 살아갈수록 '너와 나는 하나가 아니라 분명히 다르다'는 것을 체험합니다. 그런 우리를 그리스도 안에서 통일되게 하시는 하나님의 놀라운 비밀의 역사가 교회를 통해서 일어났습니다.

여기서 교회는 '주님이 만드신 교회'입니다. '주님이 만드셨다'는 말은 '천지를 창조하셨다'라고 말할 때와 동일한 단어를 사용합니다. 하나님이 교회를 만드신 것입니다. 그런데 이 교회는 선민 이스라엘 백성뿐 아니라 예수 그리스도로 말미암아 전에 이방인이었던 우리까지도 포함합니다. 누구든 예수 그리스도를 믿으면 하나님의 자녀가 되어서 축복의 반열에 설 수 있게 된 것입니다. 구원받는 길은 누구에게나 동일하게, 예수 그리스도를 믿는 믿음뿐입니다.

예수님이 보혈로 언약 가운데 둘로 나누어진 것을 하나로 연합하심으로써 새로운 교회가 만들어졌습니다. 누구든지 예수를 믿으면 하나님의 자녀가 됩니다. 이처럼 하나님의 공동체에서는 유대인도, 헬라인도, 이방인도 다 하나 되기 때문에, 예수 그리스도의 주 되심과 통치하심을 증거하는 일을 하나님이 교회에 위임해 주신 것입니다. 다시 말해, 주님이 친히 하셨던 일을 교회가 할 수 있도록 허락하신 것이지요.

하나님은 예수 안에서 하나 된 새로운 공동체인 교회에 하나님의 계획을 두셨습니다. 하나님은 교회를 통해서 하나님의 역사를 이루어 가십니다. 요즘 교회가 많은 비난을 받습니다. 물론 비난받을 일들을 하고 있음을 부인할 수 없습니다. 그렇지만 염려스러운 점은, 객관적으로 드러난 일들을 비난하다가 교회의 거룩함, 하나님이 교회에 주신 섭리와 비밀까지도 우리도 모르는 사이에 함께 잃어버릴까 하는 것입니다.

교회라는 곳이 얼마나 소중한 공동체인지 모릅니다. 교회는 하나님이 비밀로 하신, 하나님의 계획과 섭리와 역사가 일어나는 곳입니다. 그리스도 안에서 각각 다른 우리가 우리를 연합하게 하시는 모퉁잇돌 주님으로 인해 하나 되어 같은 말을 하고, 같은 뜻과 같은 생각을 품고, 같은 일을 지향하며 나가는 공동체가 바로 교회입니다.

환난과 유혹이 많은 시대입니다. 이럴 때일수록 성도들은 교회 공동체에서 서로 격려하고 믿음의 도리를 굳게 붙잡아야 합니다.

일꾼의 비밀을 열면
벅찬 감격이 쏟아집니다

하나님의 비밀 중에는 하나 더, 일꾼의 비밀이 있습니다. 바울은 일꾼의 비밀을 말하면서 하나님의 신비를 가장 생생하게 느꼈던 것 같습니다. "이 복음을 위하여 그의 능력이 역사하시는 대로 내게 주신 하나님의 은혜의 선물을 따라 내가 일꾼이 되었노라"(엡 3:7). 바울은 하나님이 자기같이 부족한 자에게 거룩한 일을 맡겨 주셨다는 사실을 깨달았던 것이지요.

그런데 하나님은 바울만 아니라 우리도 부르셔서 복음을 듣게 하셨습니다. 교회 공동체 안에서 많은 은혜와 능력을 체험하게 하셨습니다. 그리고 바로 연약한 나를 통해 천국의 일을 이루겠다고 하시며 고귀한 사명을 맡겨 주셨습니다. 나를 통해서 하나님의 일을 이루어 가신다네요. 우리 속에도 그 감격과 기쁨이 있어야 하지 않을까요?

교회사 학자인 김수진 목사님이 정리한, 하나님의 일꾼 유계준 장로님을 소개하고 싶습니다. 그는 1879년 평남 안주에서 태어났습니다. 부유한 가정에서 자랐지만, 아버지가 알지 못하는 병에 걸리면서 약값으로 재산을 탕진했습니다.

그 후 아버지마저 돌아가시고 나자 청소년 때 평양으로, 청일 전쟁 이후에는 미림리라는 곳으로 거처를 옮겼습니다. 소금 장사 집에 취직해서 일했는데, 주인이 눈여겨보고는 자기 딸과 결혼시키고 장사를 물려주었습니다. 생활이 안정되고 사업이 잘되자 그는 도리어 삶에 회의가 들었습니다. 그때부터 술을 마시고 시장을 휘젓고 다니면서 깡패처럼 살았습니다.

어느 날 그가 시장에 갔는데, 마포삼열 선교사님의 조사였던 한석진과 제임스 홀 선교사님의 조사였던 김창식이 복음을 전하는 모습을 보고 관가에 고발을 했습니다. 두 사람은 참수형에 처해지기 직전까지 갔습니다. 단두대에 목을 올려놓은 순간, 이 소식을 들은 마포삼열 선교사가 고종황제의 어명을 가져온 덕분에 두 사람은 살았습니다.

두 사람은 또다시 시장을 다니면서 복음을 전했습니다. "나는 복음을 전하다가 단두대에 목까지 대었던 사람입니다!" 그 자리에 있었던 유계준은 분명히 죽었어야 할 사람들이 살아서 복음을 전하는 모습을 보고는 정신이 번쩍 들었습니다. 그때 그는 그들이 나눠 준 전도지를 보고 복음을 받아들였습니다. 그리고 자기가 죄인이라는 사실을 깨닫고 마포삼열 선교사님에게 "제가 관가에 고발한 바로 그 사람입니다"라고 회개하고 예수를 믿었습니다. 그는 이후 산정현교회에서 조만식, 오윤선과 함께 교회 장로로 세워졌습니다.

그러던 중 1938년 9월, 장로교 총회에서 신사참배를 결의했습니다. 당시 산정현교회의 주기철 목사님은 신사참배를 거절했습니다. 교회가 박해를 받기 시작했고, 주기철 목사님은 옥살이를 했습니다. 무려 5년 4개월 동안 옥살이를 한 주기철 목사님의 뒷바라지를 유계준 장로님이 사재를 털어서 섬겼고, 장례식도 치러 드렸습니다. 그리고 교회는 해방될 때까지 신사참배를 반대했습니다.

그 후 공산당이 들어와서 교회 건물을 쓰겠다고 할 때 반항하다가 결국 빼앗겼는데, 이후 자기 집을 교회로 내놓고 예배를 드렸습니다. 1950년 6·25전쟁이 터지자 8남매와 아내는 남한으로 내려보내고 그는 교회를 지켰습니다. 그리고 10월에 공산당의 손에 세 명의 장로님들은 함께 순교했습니다.

교회를 헌신적으로 섬겼는데, 결국 8남매만 데리고 남한으로 내려온 부인 윤덕준 권사님은 하나님이 원망스럽지 않았을까요? 그런데 유계준 장로님의 이야기는 여기서 끝이 아닙니다. 어떤 분의 통계에 의하면, 하나님이 그 자녀들을 친히 인도하셨음

아무리 어렵고 힘들어도
하나님이 내게 주신 일들을
기쁨으로 감당해야 합니다.
남이 알아주지 않아도
주님의 이름으로 묵묵히 섬길 때 복음이 전파되고,
하나님 나라가 확장될 것입니다.

을 알 수 있습니다. 1970년 통계를 기준으로, 유계준 장로님 가정에 박사가 153명, 장로가 30명 배출되었다고 합니다.

어두운 밤이 되기 전까지는 별의 존재를 알 수 없습니다. 밤에야 비로소 별이 아름답게 빛나는 모습을 볼 수 있지요. 어쩌면 오늘날 우리는 신앙의 암흑시대를 지나고 있는지 모릅니다. 이 어두운 시대 속에서 아무리 어렵고 힘들어도 하나님이 내게 주신 일들을 기쁨으로 감당해야 합니다. 남이 알아주지 않아도 주님의 이름으로 묵묵히 섬길 때 복음이 전파되고, 하나님의 의와 희락과 화평이 이루어지는 하나님 나라가 확장될 것입니다.

GOD'S MAN

CHOICE

14

에베소서 6:10-12

삶의 현장에서 '그 사람' 때문에
너무 힘들다면

진짜 적과 싸워
승리하세요

우리는 그리스도 안에서 새 사람이 되었습니다. 그러나 우리가 크고 놀라운 은혜를 받았다고 할지라도 이 세상에서 한 가지 사실을 놓치면 안 됩니다. 우리로 하여금 하나님의 자녀답게 살지 못하게 만들고, 구원받은 백성의 기쁨을 누리지 못하게 방해하고, 하나님이 주신 풍성한 삶을 살지 못하게 하고, 옛 사람으로 살아가도록 끊임없이 유혹하고 공격하는 적이 있다는 사실입니다.

"우리의 씨름은 혈과 육을 상대하는 것이 아니요 통치자들과 권세들과 이 어둠의 세상 주관자들과 하늘에 있는 악의 영들을 상대함이라"(엡 6:12). 구원은 하나님이 이루어 주시지만 우리가 싸워야 하는 싸움이 있다는 뜻입니다.

여기서 '씨름'이란 백병전처럼 서로 엉켜서 어느 쪽이든 한쪽이 죽는지 죽이든지 해야 하는 아주 치열한 싸움을 말합니다. 이 전쟁에서는 승리하거나 패배하거나 둘 중 하나입니다. 중간은 없어요. 전쟁에서 승리하면 살고, 패배하면 죽습니다.

만약 이 전쟁에서 이기지 못하면 어떻게 될까요? 하나님이 주신 풍성한 삶을 살지 못하고 옛 사람의 구습을 좇아 살 수밖에 없습니다. 이 전쟁의 궁극적인 목적이 사탄이 우리로 하여금 하나님이 주신 풍성한 삶을 살지 못하게 만드는 것이기 때문이지요.

우리는 현상 너머의 세계에 그 현상을 조종하는 구체적인 존재, 즉 나와 공동체를 공격하고 무너뜨리는 어둠의 영들이 있다는 사실을 반드시 알아야 합니다. 심지어 지금도 적으로부터 공격을 받고 있습니다. 그 적은 말씀으로부터 우리의 귀를 단절시킵니다. 눈이 닫히면 귀가 닫히고, 마음이 닫히고, 영이 닫힙니다. 사탄은 우리가 말씀을 듣기보다 자신이 좋아하는 일에 더 많은 관심을 갖게 함으로 하나님께 집중하지 못하게 방해합니다.

사탄이 어떤 존재인지 알고 있나요?
지피지기백전불패입니다

이처럼 우리를 하나님의 거룩한 사람으로 살지 못하게 만드는, 구체적으로 우리를 방해하는 엄청난 적이 존재한다는 사실을 깨달았다면, 사탄이 어떤 존재인지를 알아야 합니다.

우리는 흔히 이렇게 말하지요? "교회에서 '그 사람' 때문에 너무 고통스러워", "회사에서 '그 사람' 때문에 정말 죽을 맛이야", "'그 사람'만 없다면 내 세상은 천국일 텐데." 그러나 '그 사람'이 적이 아니라는 사실을 알아야 해요. 그 사람의 배후에서 나로 하여금 하나님의 사람답게 살지 못하도록 끊임없이 방해하는 어둠의 영들이 진짜 적입니다. 적을 잘못 알고 싸우면 이겨 봐야 소용이 없습니다. 헛고생일 뿐이지요.

바울은 우리의 적이 사탄이며, 문제는 우리의 인간관계가 아니라 영적이고 본질적인 문제라고 말했습니다. 우리의 적은 마귀입니다. 마귀는 '사탄'으로도 부르지만 결코 복수로 사용된 적이 없습니다. 마귀는 하나입니다. 그리고 마귀의 원래 뜻을 해석하면 '사이를 갈라놓는 자'입니다. 요한복음 8장 44절은 "거짓말

쟁이요 거짓의 아비가 되었음이라"라고 말합니다. 그는 거짓말과 이간질과 더러운 것으로 갈라놓는 일을 합니다. 우리와 하나님의 관계를, 우리와 우리의 관계를, 우리와 자연의 관계를 파괴하는 일을 합니다.

마귀는 공격 대상을 구분하지 않습니다. 인류의 조상인 아담과 하와를 미혹해 원죄를 지음으로 인류를 타락하게 만들었고, 광야에서 40일 금식 기도 하신 예수님을 찾아가서 미혹했습니다. 그리고 고린도 교회를 공격해서 엉망으로 만들어 버렸고(고후 2:11), 예수님이 칭찬하신 신앙고백을 한 베드로 속에도 들어가서 미혹했습니다(마 16:23).

최근 심리학에 '생각 넣기'라는 개념이 많이 등장합니다. 쉽게 말하면, 사람 속에 생각을 집어넣는 것입니다. 이 부분에서 주의를 기울일 필요가 있습니다. 내 생각, 내 마음, 내 감정이 무조건 옳다는 생각을 함부로 해선 안 됩니다.

예수님을 판 가롯 유다를 떠올려 보세요. 마귀는 가롯 유다의 귀에 대고 "예수를 팔아야 한다" 말하지 않았습니다. "마귀가 벌써 시몬의 아들 가롯 유다의 마음에 예수를 팔려는 생각을 넣었더라"(요 13:2). 교활한 마귀는 가롯 유다의 생각 속에 예수를 팔지 않으면 안 되는 논리적이고 합리적인 이유를 심었습니다. 그리고 그의 감정을 움직였습니다.

에베소서 6장 11절에서 '간계'는 헬라어로 '메소도이아'인데, 여기서 영어 단어 'method'(방법)가 나왔습니다. 마귀는 자기 목적을 이루기 위해서라면 수단과 방법을 가리지 않는 존재입니다.

또한 12절, '통치자들과 권세들과 이 어둠의 세상 주관자들과 하늘에 있는 악의 영들'을 통칭해서 '귀신'이라고 말합니다. 여기서 귀신들은 하나의 조직을 가지고 다스리는 세력이라는 사실을 알 수 있습니다. 그러니까 마귀라는 대장 수하에 귀신들이 있어서 마귀의 일을 수행하고 있는 것이지요. 마귀는 인간의 힘이나 노력, 지혜로는 감당할 수 없는 존재입니다.

우리가 아름답고 복된 관계를 맺지 못하도록 방해하는 적들이 있다는 사실을 깨달아야 해요. '그 사람'이 적처럼 보이지만 그의 배후와 나의 배후에서 이간질하는 세력이 있습니다.

사탄은 거짓말로 인생의 기준을 바꿔 버립니다. 우리 정서에 두려움과 불안을 집어넣어 우리를 조종합니다. 그리고 중독과 습관을 통해 우리 삶을 지배하며 하나님의 뜻대로 살지 못하게 합니다. 우리는 언제든지 사탄의 공격 대상이 될 수 있음을 알아야 합니다.

영적 전쟁에서 승리하는 비결:
Sitting, Working, Standing

그렇다면 우리를 공격하는 적들과 싸워서 이기는 방법을 알아야 겠지요? "끝으로 너희가 주 안에서와 그 힘의 능력으로 강건하 여지고 마귀의 간계를 능히 대적하기 위하여 하나님의 전신 갑 주를 입으라"(엡 6:10-11).

바울은 마귀와 귀신들과 싸워서 승리하기 위해서는 먼저, 우 리 삶의 자리가 '주 안에' 있어야 한다고 말했습니다. '주 안에' 있다는 것이 무엇일까요? 제임스 몽고메리 보이스 목사님은 중 국의 성경 교사 워치만 니의 에베소서 개론 부분을 인용하면서 이렇게 설명했습니다.

첫째, 에베소서 2장 6절, "또 함께 일으키사 그리스도 예수 안에 서 함께 하늘에 앉히시니"라는 말씀에서 알 수 있듯이, 'sitting', 즉 앉는 자리가 중요합니다. 우리가 앉아 있는 자리가 전에는 죄의 자 리, 패배의 자리였습니다. 그러나 주님이 우리를 영생의 자리, 구 원의 자리, 하나님과 같은 자리로 옮겨 주셨습니다. 우리는 그 자 리에 앉아야 합니다. 둘째, 'working', 즉 하나님의 부르심에 합당하게 일해야 합니다. "그러므로 주 안에서 갇힌 내가 너희를 권하노니 너희가 부르심을 받은 일에 합당하게 행하여"(엡 4:1). 셋째, 'standing', 굳게 서서 사탄을 대적해야 합니다. "마귀의 간계를 능히 대적하기 위하여 하나님의 전신 갑주를 입으라"(엡 6:11). 하나님의 전신 갑주를 입고 사탄을 대적할 때 승리할 수 있습니다.

우리가 주님 안에 있을 때, 즉 구원의 자리에 앉고, 부르심에 합당하게 일하고, 굳게 서서 사탄을 대적할 때 적과 싸워 이길 수 있습니다.

종교개혁자 마르틴 루터는 종교개혁을 일으키던 당시 자기 힘으로는 이길 수 없는 큰 세력 앞에 낙심하고 절망했습니다. 그때 아내가 상복을 입더니 슬피 울었습니다. 루터가 이유를 묻자 아내가 대답했습니다. "당신이 이토록 낙심하고 꼼짝 못하는 것을 보면 분명히 하나님이 돌아가신 것입니다." 순간 루터는 정신이 번쩍 들었습니다.

이후 루터가 하나님은 살아 계셔서 지금도 나를 돕고 계신다는 믿음을 가지고 지은 찬송이 있습니다. 새찬송가 585장, "내 주는 강한 성이요"입니다. 2절에서 루터는 이렇게 찬양했습니다. "내 힘만 의지할 때는 패할 수밖에 없도다 / 힘 있는 장수 나와서 날 대신하여 싸우네 / 이 장수 누군가 주 예수 그리스도 / 만군의 주로다 당할 자 누구랴 반드시 이기리로다.”

루터는 이 확신과 믿음을 가지고 자신에게 주어진 하나님의 거룩한 사명을 끝까지 감당할 수 있었습니다.

◈

기도와 말씀으로
끊임없이 무장해야 합니다

우리는 기도의 능력을 통해서 사탄을 이길 수 있습니다. 그리고 말씀을 통해 믿음 위에 담대하게 서서 사탄을 대적할 때 승리할 수 있습니다. 그렇기에 우리가 사탄을 이기기 위해서는 무엇보다 신앙의 공동체에 머물면서 영적 교제를 계속하는 것이 중요합니다. 중보하고, 잘못을 일깨워 주고, 지치고 힘들 때 하나님의 사랑을 증거해 주고, 다시 일어서서 하나님의 사람으로 살아갈 수 있도록 서로서로 도와주어야 합니다.

2010년 미국 메이저리그 최고 선수로 선발된 조시 해밀턴 선수의 이야기입니다. 그는 1999년 대학을 졸업할 때 신인 지명 1순위를 받은 야구 천재였습니다. 타율이 3할만 되어도 좋은 점수인데, 대학 시절 타율이 약 5할 9푼이었습니다. 공 3개 중에 2개는 안타를 맞는다는 뜻입니다.

그런데 어느 날 교통사고를 당해 허리를 다쳤습니다. 이후 부상으로 경기를 뛰지 못하게 되었고, 그는 괴로운 마음을 잊기 위해 마약과 술에 절어 살았습니다. 8회나 재활 치료를 했지만 실패했습니다. 4회의 자살 시도도 성공하지 못했습니다. 이제는 가족도 포기했고, 야구팬들도 그의 천재적인 모습을 잊어 갔습니다.

그러나 그를 붙든 단 한 사람이 있었습니다. 할머니였습니다. 할머니만은 그를 포기하지 않고 따뜻하게 맞아 주었습니다. 어느 날 할머니가 손자를 찾아와서 손을 붙들고 이야기했습니다. "얘야, 다시 일어서야 하지 않겠니? 너는 왜 너 스스로 죽어 가는 길을 선택하니? 나는 그 모습을 차마 보지 못하겠구나." 할머니의 간절한 호소에 가슴이 뭉클했습니다. 이전에 느껴 보지 못했던 따뜻함이었습니다.

그는 자기 방으로 가서 오랫동안 한 번도 열어 보지 않았던 성경을 끄집어냈습니다. 그리고 펼쳤습니다. 야고보서 4장 7절 말씀이 눈에 들어왔습니다. "그런즉 너희는 하나님께 복종할지어다 마귀를 대적하라 그리하면 너희를 피하리라."

이 말씀이 그의 삶의 모토가 되었고, 그는 환경을 바꾸었습니다. 그러면서 서서히 마약과 알코올중독에서 빠져나왔습니다. 회복된 이유를 묻는 사람들에게 그는 이렇게 이야기합니다. "내가 일어설 수 있었던 힘은 나에게서 온 것이 아니라 신앙에서 나온 것입니다. 신앙이 없었다면 이 자리에 다시 설 수 없었을 것입니다."

그는 드디어 친구와 동료들의 도움을 받았습니다. 조시 해밀턴이 달라졌다고 야구 협회에 이야기했고, 마약과 알코올중독으로 인한 제재가 풀려 다시 야구를 할 수 있게 되었습니다. 2007년 그가 메이저리그에 데뷔했을 때 많은 사람이 그의 사연을 알았기에 20초간 기립박수를 보냈습니다. 그리고 3년 뒤 조시 해밀턴은 미국에서 최우수선수가 되었습니다.

우리에게 밀려오는 수많은 가치관의 혼란과 싸워 이깁시다. 하나님으로부터 멀어지게 만들고, 하나님 앞에 매달리지 않아도 살아갈 수 있는 듯 착각하게 만드는 일들 앞에서 힘을 합해 싸워 나갑시다.

우리의 신앙 생활은 영적 전쟁입니다. 오늘 내 삶 가운데서 승리하지 않으면 거룩한 영향력을 가지고 이 땅 가운데 하나님 나라를 세워 갈 수가 없습니다. 다시 기도를 시작하고 눈을 들어 말씀을 봅시다. 뉴스 보는 시간 이상으로 말씀을 보기를 바랍니다.

일하는 시간 이상으로 기도하기를 바랍니다. 우리 가운데 다시
한 번 하나님을 향한 간절한 기도가 회복될 때 주님이 이 시대에
하나님의 거룩한 나라를 만들어 가는 기도의 씨앗을 뿌리도록
우리를 부르실 것입니다.

우리에게 밀려오는
수많은 가치관의 혼란과 싸워 이깁시다.
하나님으로부터 멀어지게 만들고,
하나님 앞에 매달리지 않아도
살아갈 수 있는 듯 착각하게 만드는
일들 앞에서 힘을 합해 싸워 나갑시다.

GOD'S MAN

CH

CE

15

에베소서 6:21-24

언제나 최선의 선택을
하고 싶다면

'오직 은혜'만
선택하세요

언젠가 에베소 교회를 방문한 적이 있습니다. 그토록 찬란하고 아름다웠던 문명의 도시 에베소가 무너진 현장을 보면서 많은 생각에 잠겼습니다. 바울이 두란노 서원을 세워서 하나님의 말씀을 강론하고, 에베소 교회 장로들을 만나 눈물로 호소했던 교회가 왜 이렇게 허무하게 허물어져야만 했을까요? 특별히 요즘처럼 한국 교회가 어려움을 겪고 있을 때 '바울이 꿈꾼 교회란 무엇인가?'에 대한 생각을 많이 하게 되는 듯합니다.

특별히 에베소서는 교회론을 중심으로 하기에 바울이 로마서에 버금가는 기독교의 진수를 가득 담은 에베소서를 어떻게 마무리했는지 궁금했습니다. 바울은 에베소서 마지막 장인 6장에서 "우리 주 예수 그리스도를 변함 없이 사랑하는 모든 자에게 은혜가 있을지어다"(엡 6:24)라고 말했습니다. 바울이 에베소 교회를 축복하고 싶었던 말은 단 한마디, '하나님의 은혜'였던 것입니다.

'하나님의 은혜'는 바울 서신이 공통적으로 이야기하는 주제이기도 합니다. 바울이 그토록 어렵고, 힘들고, 심오한 많은 이론과 교리를 이야기하면서 마지막에 남긴 축복의 언어는 "여러분에게 은혜가 있기를 원합니다"였습니다.

은혜가 무엇일까요? 바울은 은혜를 이렇게 요약한 것 같습니다. "하늘의 신령한 복을 가진 사람으로 살아가기 위해 가장 중요한 것은 은혜를 알아야 한다"는 것입니다.

내가 은혜 받은 사람임을 알 때
하나님의 사람이 됩니다

바울은 은혜를 설명하고 깨우쳐 주기 위해서 가장 먼저, 자신이 누구인지, 어떤 존재인지를 설명했습니다. 가말리엘의 문하생이요, 헬라어와 히브리어에 능통하며, 로마 시민권을 가진 사람으로서 율법에 흠이 없는 사람이라고 설명했습니다.

그러나 그런 그가 자신에게 동일하게 적용한 말씀이 있습니다. 그렇게 훌륭하고, 대단하고, 성실한 사람이지만 나를 창조하신 하나님은 나를 볼 때 본질상 죄와 허물로 죽은 존재로 여기신다는 것입니다. 자신이 선택한 행복한 인생이라고 하는 것의 마지막이 파멸과 멸망뿐임을, 자신은 그러한 선택을 할 수밖에 없는 죄인임을 깊은 철학자요 신학자인 바울은 알았던 것이지요.

뿐만 아니라 바울은 자신이 희망이 없는 사람이었고, 절망적인 자기 운명을 돌이킬 만한 능력조차 없는 존재였음을 철저하게 고백했습니다. 바울 서신 곳곳에는 바울이 이 사실을 통감한 후 내뱉은 탄식이 적나라하게 표현되어 있습니다.

바울만이 아니라 우리도 마찬가지입니다. 결국 멸망과 패망밖에는 없는 존재이지요. 아무리 우리가 최선을 다하고, 사람들이 존중해 주고, 성실하고 양심적으로 살아도 성경은 우리더러 '죄와 허물로 이미 죽은 존재'라고 말합니다.

그 후 바울은 하나님의 긍휼과 자비와 사랑과 은총이 처참한 존재인 우리를 구원해 주었다고 설명했습니다. 자기 인생의 변화는 전적으로 하나님으로부터 시작해서, 하나님과 더불어 진행되며, 하나님으로부터 마친다는 것입니다. '나는 내 힘으로 내 인생을 살 수 없다'고 시인할 사람이 누구일까요? 철저하게 절망해 본 사람만이 그 고백이 가능합니다.

우리의 운명이 바뀌었고, 우리 인생의 처음과 마지막이 하나님의 은혜로 이루어졌다는 사실을 인정하세요. 우리는 은혜 받은 존재입니다.

"타산지석"이라는 말이 있지요? 다른 사람의 행동을 보며 나를 살필 줄 아는 겸손함이 그 속에 있습니다. 자신이 죄인이었다는 사실을 깊이 깨달은 사람은 겸손합니다. 또한 절망적인 죄인이 아무 공로 없이 하나님의 선물로 구원을 받았다는 사실을 믿는 사람의 마음속에서는 감사가 떠날 수 없습니다. 따라서 만약 우리 속에 겸손과 감사가 사라졌다면 그 은혜를 모르거나 잊어버렸다는 신호로 여겨야 할 것입니다.

하나님이 죄인인 우리를 구원하시고 그 아들을 죽이기까지 사랑해 주셨다는 사실을 깨달은 사람에게 자연스럽게 찾아오는 질문이 있습니다. "왜 전적으로 희망이 없는 나를 하나님이 살려 주셨을까? 왜 구원해 주셨을까? 나를 향한 하나님의 계획과 뜻은 무엇일까?"

여기서 사명이 시작됩니다. 사명 있는 사람은 삶의 방향이 달라집니다. 우리가 하나님의 사람답게 살아가는 가장 중요한 원동력은 우리가 은혜 받은 사람이라는 사실을 아는 것입니다.

은혜를 깨달을 때
주저앉은 자리에서 벌떡 일어날 힘이 생깁니다

바울은 우리가 은혜 받은 사람이라는 사실을 알 뿐 아니라 깨달아야 한다고 말했습니다. 그러면서 에베소서 6장 23절에서 "아버지 하나님과 주 예수 그리스도께로부터 평안과 믿음을 겸한 사랑이 형제들에게 있을지어다"라는 말로 에베소 성도들을 축복했습니다.

은혜를 아는 것과 깨닫는 것은 깊이가 다릅니다. 물론 은혜를 아는 것 자체는 우리에게 큰 힘이 되며 매우 중요합니다. 하나님의 은혜를 알게 되면 사람과 세상을 보는 관점이 새로워집니다. 그러나 진정한 삶의 변화는 깨달음이라는 과정을 통과해야 일어납니다.

델마 톰슨이라는 여인은 제2차 세계대전 중에 한 장교와 결혼했습니다. 남편을 따라 캘리포니아주 모하비 사막에 있는 육군 훈련소로 갔습니다. 남편 가까이 있기 위해서 이사를 했지만 사막의 모래바람으로 가득찬 그곳에서의 삶은 참으로 고독했습니다. 남편이 훈련을 위해 나가고 나면 온도가 섭씨 50도까지 올라갔습니다. 밤의 온도는 0도에서 영하 10도까지 떨어졌습니다. 해수보다 낮은 지역이기에 낮과 밤의 기온 차가 극심했습니다. 주변에는 영어가 통하지 않는 멕시코인과 인디언 외에는 없었습니다.

그녀는 부모님께 신세한탄을 하는 편지를 썼습니다. 슬프고도 외롭고도 억울한 생각이 들었습니다. 도저히 견딜 수 없으니 나를 데려가 달라고, 짐을 꾸려서 집으로 돌아가겠다고, 여기서 사는 것보다 감옥에서 사는 게 편하겠다고, 수많은 불평을 적어서 보냈습니다.

아버지로부터 답장이 딱 두 줄 왔습니다. 내용은 이렇습니다. "감옥 문창살 사이로 밖을 바라보는 두 사람. 한 사람은 흙탕물을 보고, 한 사람은 반짝이는 별을 바라본다."

편지를 읽고 처음에는 서운했는데 어느 순간, 깨달음이 왔습니다. '그렇구나. 여기서도 새로운 삶이 주어질 수 있겠구나. 나는 그동안 무엇을 보고 살았는가?' 그리고 나서 밤하늘을 보았습니다. 곧 쏟아질 것만 같은 아름다운 별빛이 그녀를 맞이해 주었습니다. 그리고 신기하게도 주변에 있는 인디언들에게 작은 관심을 가졌더니 그들이 관광객들에게도 팔지 않았던 골동품을 가져다주면서 사랑과 정을 나누어 주기 시작했습니다.

이후 그녀는 사막의 다양한 식물을 연구하기 시작했습니다. 사막의 낙조를 바라보며 인생을 노래했습니다. 오래전에 이곳이 바다였다는 것을 증명하는 조개껍질 등을 찾아보기도 했습니다.

무엇이 그녀를 변화시켰습니까? 환경은 그대로였습니다. 변화된 것은 깨달음이었습니다. 절망적인 현실 속에 절망만 있는 것이 아니라 새로운 삶이 있다는 마음의 변화가 그녀로 하여금 새로운 것을 보게 만든 것입니다. 절망으로 보이던 것이 신비롭게 보이기 시작했습니다. 좌절로 보이던 것이 생명처럼 보이기 시작했습니다.

그녀는 비참한 경험을 생애에서 가장 즐거운 모험으로 바꿨습니다. 새롭게 발견한 세계에 자극을 받고 감격한 나머지 그것을 소재로《빛나는 성벽》이라는 소설을 썼습니다. 이후 베스트셀러가 되었습니다.

아무리 어려운 현실과 암담한 상황에서도 하나님의 은혜 가운데 있다는 사실을 깨달으면 그 자리에 주저앉아 있지 않을 수 있습니다. 아무리 불가능하다는 일에 부딪힐 때도 물러서지 않을 수 있습니다. 왜냐하면 내가 하는 것이 아니라 내게 능력 주시는 자 안에서 내가 능히 할 수 있으며, 나를 능하게 하신 하나님이 나와 함께하시기 때문입니다. 바로 이것이 내가 하나님의 은혜 가운데 살아가고 있다는 깨달음입니다.

은혜를 증거할 때
남모르는 깊은 상처가 치유됩니다

은혜를 깨달았다면 이제 바울은 은혜를 증거하는 삶을 살아야 한다고 바울은 강조했습니다. "나의 사정 곧 내가 무엇을 하는지 너희에게도 알리려 하노니 사랑을 받은 형제요 주 안에서 진실한 일꾼인 두기고가 모든 일을 너희에게 알리리라 우리 사정을 알리고 또 너희 마음을 위로하기 위하여 내가 특별히 그를 너희에게 보내었노라"(엡 6:21-22).

에베소서가 어떻게 우리에게 전달되었습니까? 바울이 감옥에

우리의 운명이 바뀌었고,
　　　우리 인생의 처음과 마지막이
　　하나님의 은혜로 이루어졌다는
　　　　　　　사실을 인정하세요.

우리는 은혜 받은 존재입니다.

서도 여전히 나와 함께하시는 주님, 여전히 나를 통해 일하시는 하나님을 증거하는 삶을 살았기에 가능하지 않았을까요? 바울은 그 은혜를 두기고를 통해서 에베소 교회에 전달했습니다.

하나님의 능력이 언제 나타날까요? 하나님의 은혜를 아는 사람이 하나님의 은혜를 감사하며 누군가에게 전할 때 하나님의 역사와 하나님의 위로와 하나님의 능력이 나타납니다.

이 땅에는 수많은 두기고가 필요합니다. 가정에도, 직장에도, 교회에도 우리 삶 가운데도 하나님이 주신 은혜를 전하는 두기고가 있어야 합니다. "내가 지금도 하나님의 은혜 가운데 살고 있습니다"라는 은혜의 고백은 계속해서 전해져야 합니다.

내가 받은 사랑과 은혜를 증거할 때 상처 나고 병든 가슴이 치유됩니다. 상담 전문가들이 모인 자리에서 이야기를 나누던 중에 "상담을 하고 나면 대부분 치유가 되는데 가장 근본적인 부분은 치유가 안 된다"고 말하는 교수님이 있었습니다. 그래서 제가 이렇게 말했습니다. "가장 핵심적인 치유는 내가 남을 도울 때 하나님이 치유하십니다."

남이 나를 치유해 주는 것이 아닙니다. 진정한 마음의 상처는 내가 상처가 있음에도 불구하고 진정으로 남을 돕고 사랑할 때, 하나님이 그 핵심과 같은 문제의 근원을 해결해 주심으로 치유되는 것입니다.

은혜 없이 살아가는 사람은 우리 중에 아무도 없습니다. 이제 우리는 은혜가 무엇인지 알았습니다. 만약 은혜를 깨달았다면 믿음과 평안이 가득할 것입니다. 또한 하나님의 은혜를 증거하는 우리의 삶과 교회에 하나님의 역사가 나타날 것입니다.

하나님은 두기고를 통해서 에베소 교회를 위로하셨고, 그들이 믿음으로 살아가도록 다시금 세워 가셨습니다. 마찬가지로 우리가 할 일은 하나님이 역사의 주인 되시고, 여전히 어려움 가운데서도 함께하며 주관하신다는 메시지를 누군가에게 전하는 것입니다. 이적과 기적의 메시지를 나누어야 하는 것이지요.

우리는 은혜로 구원받았습니다. 그리고 은혜로 살아갑니다. 내 마음에 은혜가 넘쳐난다면 우리의 삶과 공동체에는 아름다운 사랑의 이야기로, 변화의 이야기로 가득찰 것입니다.

저는 '은혜의 사슬'이라는 표현을 별로 좋아하지 않았습니다. 은혜의 사슬로 묶어 달라는 표현이 마치 구속하는 것처럼 느껴졌기 때문이지요. 그런데 하나님이 은혜라는 사슬로 나를 묶어 두시지 않았다면 오늘의 저는 없었을 것입니다.

오늘도 우리는 하나님의 은혜의 사슬로 묶여 있습니다. 그 은혜에서 벗어날 수가 없습니다. 오직 은혜로 살아가며 은혜를 증거합시다. 우리가 잘 아는 복음성가 가사처럼 우리는 은혜 아니면 살아갈 수가 없습니다. 오직 예수뿐입니다.

GOD'S MAN

CH   CE

16

요한계시록 3:7-8

인생이 끝이라고
느껴진다면

하나님이 열어 두신
'열린 문'으로
달려가세요

요한계시록은 성경의 가장 마지막 책입니다. 성경 중에 결론이 없는 책이 두 권이 있습니다. 하나는 사도행전입니다. 사도행전은 28장까지 있지만, 28장 이후에도 그리스도인들을 통해 계속해서 그 내용이 기록되고 있습니다. 오늘 우리는 사도행전 29장을 기록해 가는 하나님의 보내심을 받은 사도들입니다.

그리고 또 하나, 요한계시록입니다. 요한계시록은 장차 이루어질 하나님의 역사를 기록하고 있습니다. 요한계시록은 예수님이 승천하신 후 50-60년 정도 흘러 소아시아에 큰 기독교 박해가 일어났을 때 사도 요한이 밧모섬에 유배를 갔는데, 그곳에서 하나님께 계시를 받아 기록한 하나님의 말씀입니다.

소아시아에는 일곱 교회만 있었던 것이 아닙니다. 규모가 큰 교회, 아름다운 교회, 소문난 교회도 있었지만 주님은 일곱 교회를 정해서 말씀하셨습니다. 그 이유가 무엇일까요? 예수님의 부활과 승천 후 반세기가 지나가면서 교회의 모습이 어느 정도 변질되기도 하고 발전되기도 했습니다. 그 모습을 보신 주님이 하나님이 기뻐하시고 원하시는 교회가 과연 어떤 교회인지를 일곱 교회를 통해서 알려 주신 것은 아닐까요?

특히 그중에서도 빌라델비아 교회는 주님께 책망을 받지 않고 칭찬받은 교회입니다. 무엇이 그들로 하여금 암울한 현실 가운데, 미래를 알 수 없는 불투명한 삶의 여정 가운데 하나님 앞에 바람직한 교회라고 칭찬받게 했을까요? 역경과 시련, 박해에도 무너지지 않고 하나님이 기뻐하시는 교회로 살아남은 빌라델비아 교회의 믿음은 무엇이었을까요?

'나는 정말 바른 신앙을 가지고 있는가? 우리 교회는 정말 하나님이 기뻐하시는 신앙을 가진 교회인가?'를 돌아보며 새 출발하는 기회가 되기를 바랍니다.

세상의 문들은 다 닫혀도
하늘 문은 늘 열려 있습니다

마지막 때를 살아가는 우리에게 빌라델비아 교회가 주는 교훈은 하나님이 '열린 문'을 주셨다는 사실을 기억하라는 것입니다. 다시 말해, 우리는 세상의 권세가 아무리 닫아도 닫히지 않는 열린 문을 하나님이 우리에게 주셨다는 사실을 잊지 말아야 합니다. "볼지어 다 내가 네 앞에 열린 문을 두었으되 능히 닫을 사람이 없으리라 내가 네 행위를 아노니 네가 작은 능력을 가지고서도 내 말을 지키며 내 이름을 배반하지 아니하였도다"(계 3:8).

여기서 '열린 문'에 대해 여러 가지 해석이 가능합니다. 우리는 살다 보면 인생길이 막힌 것 같고, 더 이상 희망이 없는 것 같아 절망할 때가 많습니다. 아마 빌라델비아 교회의 상황도 그러했을 것입니다. 당시 상황은 죽음의 소식이 여기저기서 들려오는 정말 암흑뿐이었기 때문입니다.

"우리에게 미래는 없어!"하며 절망하는 그들에게 주님이 무엇이라고 말씀하셨나요? 아니라고, 하나님이 너희에게 열린 문을 주셨다고, 더 복된 길을 하나님이 주셨다고, 그 사실을 믿으라고 하셨습니다. 한마디로, 길은 하나님이 내신다는 의미입니다. 아무리 칠흑 같은 어둠 속에 있다 할지라도 하나님은 우리의 길을 열어 주십니다. 그러니 낙담하지 말아야 합니다.

또 하나 '열린 문'은 하나님이 우리에게 믿음을 선택할 수 있는 길을 열어 주셨다는 뜻이기도 합니다. 아무리 절망적인 순간에도 열린 문으로, 믿음을 가지고 나갈 수 있도록 하나님이 기회를 주신다는 것이지요.

샌프란시스코 멘로파크장로교회의 존 오트버그 목사님은《존 오트버그의 선택 훈련》(두란노, 2015)에서 '열린 문'을 이렇게 설명했습니다. "의미 있는 일을 할 수 있는 무한한 기회로, 위대한 모험 속으로 들어가 하나님의 도구로 쓰일 기회." 절망적이고, 참혹하고, 미래가 없어 보이지만 주님이 열어 주신 길은 오히려 하나님 앞에 더 존귀하게 쓰임 받을 수 있는 기회입니다. 열린 문은 하나님이 하나님을 위해 하나님과 함께 행동할 수 있도록 주시는 기회인 것입니다. 우리에게 자유의지를 주신 하나님은 어떤 상황에서도 우리의 삶을 하나님을 향해 열어 놓으시고 미래의 희망도 열어 두십니다.

우리 인생은 어쩌면 선택의 연속입니다. 알베르 카뮈는 "인생은 자기가 내린 선택의 총합이다"라고 말했습니다. 우리가 하는 말, 행동, 생각, 일 등 모든 상황 속에서 우리가 내린 선택들의 결과가 오늘 나를 만들었다는 것이지요.

하나님은 우리가 어떤 상황을 만났을 때 우리에게 믿음을 선택할 기회, 하나님의 뜻을 선택할 기회를 주십니다. 우리가 생각할 때는 절망적인 것처럼 보입니다. 그러나 그 길을 통해서 하나님이 우리를 인도하십니다.

기준이 없으면 흔들려요
말씀 따라 선택하세요

마지막 때를 사는 우리는 말씀을 인생의 기준으로 삼아야 합니다. 당시 빌라델비아 성도들은 얼마든지 여유로운 삶을 살 수 있었습니다. 그러나 그들은 그 삶을 포기하고 말씀을 따라서 살기를 선택했습니다.

사실 빌라델비아교회가 처한 상황은 인간적인 눈으로 보기에는 좋았지만 말씀대로 살기에는 매우 어려웠습니다. 그 이유를 3가지로 들 수 있습니다. 먼저, 그들은 자연환경으로 인해 어려움을 겪었습니다. 기록을 보면, 주후 17년에 소아시아 지역에 대규모 지진이 강타했는데, 그중에서 피해를 많이 본 지역이 빌라델비아였습니다. 생활 기반이 불안정했습니다.

또한 종교적인 시련이 있었습니다. 당시 로마 황제를 신으로 숭상했기에 정치적이고 종교적인 압박과 핍박이 계속해서 그리스도인들에게 가해졌습니다. 게다가 변질된 유대교인들의 핍박도 있었습니다. 그들은 그리스도인들에게 유대인들의 문화 공동지인 회당의 출입을 금했고, 핍박했으며, 이간질을 일삼았습니다.

경제적인 시련도 있었습니다. 빌라델비아는 부유한 도시였습니다. 그런데 이 도시의 경제 체제는 상인조합에 의해서 운영되었습니다. 상인조합에 가입하지 않으면 장사를 할 수 없었고, 장사를 해도 성공이 불가능했습니다. 그런데 문제는 상인조합에 가입하면 우상을 숭배하는 이방 신전에서 드리는 의식에 참석해야 한다는 의무 조항이 있었습니다. 빌라델비아 성도들은 신앙을 지키기 위해 상인조합에 가입하지 않았고, 가난한 삶을 선택했습니다.

삶의 기반이 위태로운데 말씀을 따라가겠다는 사람이 누가 있을까요? 지금 먹고살기 바쁜데, 내 삶 전체가 흔들리는데 나에게 급한 일은 현실 속의 위기를 극복하며 사는 것 아닐까요? 게다가

칠흑 같은 어둠 속에 있다 할지라도
하나님은 우리의 길을
열어 주십니다.

정치적인 핍박을 피해서 예수를 믿을 사람이 얼마나 될까요? 사업을 할 때 허가를 내주지 않는 등 행정적으로 불이익을 당한다면 오로지 말씀을 따라갈 수 있겠습니까?

현실을 따라가지, 나의 필요를 따지지 말씀을 따라가기가 어려운 환경입니다. 따라서 예수님은 빌라델비아 교회를 향해 "작은 믿음"(계 3:8)이라고 하셨습니다. 여기서 '작은 믿음'이란 '보이지 않는 믿음'을 의미합니다. 빌라델비아 성도들이 가진 믿음이 크고 거대한 세력이 밀고 들어오는 현실의 흐름 속에서 도무지 버틸 수 없는 믿음임을 뜻하는 것 같습니다. 그런데 그들은 '작은 믿음'을 가지고 하나님을 배신하지 않고 말씀을 따라 살았습니다.

이 세상은 다원화되어 가고 있습니다. 하나님의 말씀만이 진리라고 생각하는 사상이 점점 사라지고, 다원주의 사상이 기독교 안에도 많이 들어왔습니다. 복음의 본질을 다양하게 해석하는 경향이 있습니다. 그리고 그런 주장을 하는 사람을 훨씬 더 인격적이고, 민주적이고, 합리적으로 보는 상황입니다.

급변하는 세상에서 우리는 무엇을 선택하고, 무엇을 기준으로 삼아야 할까요? 말씀을 따라 사는 삶을 선택해야 하고, 말씀을 기준으로 삼아야 합니다. 마지막 때가 될수록 말씀을 더 붙들어야 합니다. 말씀을 따라 삶을 바꿔 나가야 합니다. 말씀을 따라 자아관과 세계관을 변화시켜야 합니다. 하나님이 오늘 우리를 거룩한 하나님의 백성으로 삼으셨다면 말씀을 따르기로 선택합시다.

내 인생의 진짜 주인을 선포하세요
"하나님!"

마지막 때를 살아가는 하나님의 사람은 하나님의 절대 주권을 믿어야 합니다. "이기는 자는 내 하나님 성전에 기둥이 되게 하리니 그가 결코 다시 나가지 아니하리라 내가 하나님의 이름과 하나님의 성 곧 하늘에서 내 하나님께로부터 내려오는 새 예루살렘의 이름과 나의 새 이름을 그이 위에 기록하리라"(계 3:12). 역사의 주인, 인생의 주인이 하나님이심을 선포한 것입니다.

빌라델비아 성도들은 그 사실을 믿었습니다. 지금 눈앞에 전개되는 역사의 주인은 로마 황제요, 돈일 수 있습니다. 그러나 그들은 굴복하지 않았습니다. 내 삶은 돈과 지식과 내 편의 많고 적음에 달려 있는 것이 아니라 하나님의 절대 주권에 놓여 있다는 사실을 놓치지 않았던 것이지요.

여기서 하나님의 절대 주권을 믿는 믿음이란 무엇입니까? 하나님은 나를 사랑하시고, 나를 포기하시지 않고, 나를 구원하시는 분이라는 믿음입니다. 하나님은 어떤 절망에서도 나를 향한 구원 역사를 이루어 가신다는 믿음입니다.

빌라델비아 성도들이 순교의 자리에 가서도 작은 믿음으로 하나님을 배반하지 않았던 이유는 하나님의 절대 주권을 믿는 믿음이 있었기 때문입니다. 우리도 그들처럼 "너희가 나를 죽인다 할지라도, 내 삶이 어렵다 할지라도 내 삶을 인도하시는 분은 하나님이시다. 아무리 역사가 암담할지라도 역사를 이끌어 가시는 분은 하나님이시다"라고 고백해야 합니다.

2016년 탈북한 태영호 공사가 쓴 《3층 서기실의 암호》라는 책 마지막 부분에 나오는 내용입니다. 북한은 종교의 자유가 있는 나라라는 것을 선전하기 위해 봉수교회와 장충성당을 세웠습니다. 일단 교회가 되려면 목회자, 교인, 성경이 있어야 했기에, 그들은 가짜 교회를 세우고는 교회 주변에 사는 공산주의 사상가 간부의 부인들더러 출석하라고 했습니다. 그런데 어느 날부턴가 그들에게 진짜 믿음이 생겨 버렸습니다. 그때부터 북한에 비상이 걸렸지요. 이후 그 교회를 철저히 감시했습니다.

그런데 이상하게 교회 주변을 자주 왔다 갔다 하는 사람이 있었습니다. 그 사람을 잡아서 얘기해 보니까 신앙을 가진 사람이었습니다. 아직도 신앙을 가진 사람이 있었던 거예요. 예수 믿는 자들을 철저하게 숙청하고, 성경을 없애 버렸는데 어떻게 이런 일이 일어날 수 있었을까요? 말씀의 능력입니다. 하나님의 절대적인 능력입니다.

의사의 힘은 병을 치료하는 데서 나옵니다. 병원의 힘은 환자들을 잘 치료하는 의료진과 잘 갖추어진 시스템에서 나옵니다. 그러면 교회의 힘은 어디에서 나옵니까? 교회의 힘은 지쳐 있는 한 영혼이 교회 안으로 들어와서 성도들의 사랑을 받고 회복되어 참된 소망을 가지고 다시 세상으로 나가 하나님의 거룩한 영향력을 나타내는 데서 나옵니다.

이 땅에 진정 힘 있는 교회, 성령이 마지막 순간까지 놓지 않고 기대를 거시는 교회, 하나님이 위로해 주시는 교회가 세워지기를 바랍니다. 오늘 우리도 빌라델비아 교회처럼 작은 믿음을 가지고 하나님을 섬기고 사랑합시다. 칠흑 같은 절망과 어둠 속에 있다고 할지라도 낙담하지 말고 길을 여시는 하나님을 믿는 아름다운 선택을 하기 바랍니다.